Nettoyage du corps et du colon
pour une vie saine et heureuse
grâce aux fibres herbacées diététiques

NETTOYAGE DU CORPS ET DU COLON
pour une vie saine et heureuse
grâce aux fibres herbacées diététiques

Traduit de l'américain par:
Carmen Cantin

Copyright 1991 Les Presses d'Amérique
Une division de l'Agence littéraire d'Amérique inc.
4329, rue Oxford
Montréal (Québec), Canada H4A 2Y7
Tél.: (514) 489-3614
Fax: (514) 489-5109

Conception de la page couverture:
Marthe Julien

Dépôt légal:
Deuxième trimestre de 1991

ISBN 2-9802134-6-2

Teresa Schumacher et
Toni Schumacher Lund

Nettoyage du corps et du colon
pour une vie saine et heureuse
grâce aux fibres herbacées diététiques

LES PRESSES D'AMERIQUE

PREMIERE PARTIE

INTRODUCTION

Chers amis de la santé,

Dans une de ses chansons, Petula Clark chante: « Tout le monde veut aller au ciel, mais personne ne veut mourir »!

Dans la même veine, on peut dire que tout le monde veut être en santé, mais personne ne veut s'informer et encore moins changer ses habitudes... surtout alimentaires.

Mon but, en faisant traduire et imprimer ces deux témoignages, est d'éveiller l'attention de tout le monde sur l'alimentation. Dans le livre d'Anne Lindsay *Bonne table et bon sens*, publié en collaboration avec la Société canadienne du cancer, il est dit en page 9 que:

a) au Canada, 27% des cas de cancer sont associés au régime alimentaire;

b) 32% des cas de mortalité par cancer sont associés au régime alimentaire.

Se pourrait-il que l'alimentation soit une question des plus importantes pour le maintien d'une bonne santé ? Se pourrait-il, comme les *hygiénistes* le soutiennent, que ce soit **la** question ?

Nos médecins et nos savants docteurs, dans leurs six années d'étude, consacrent environ six heures (et je suis généreux) à l'alimentation. Pourraient-ils en savoir *trop long* sur le sujet ?

Ces deux témoignages vous éclaireront sur les réponses à ces questions, sans toutefois vous les donner toutes. Ce livre est le premier que je fais traduire et imprimer. Et il y en aura d'autres. La publication de ce livre et de ceux qui vont suivre va me permettre de poursuivre mon but qui est la conquête de la santé par et pour tous. *La santé, ce n'est pas ne pas être malade*. C'est être plein de vie et d'amour au réveil. Cette énergie nous permet de répandre la paix, la sérénité et la joie de vivre autour de nous.

J'ajoute que la seule personne qui puisse vous maintenir en santé... c'est vous ! Ce n'est qu'en vous informant et en vous prenant en main que vous allez y parvenir. Je ne vous dis pas que c'est facile, mais ce n'est pas trop difficile. Sans la santé... on est malade !

Je souhaite que ce petit livre vous éveille au bien-être de la santé.

Jean Julien

Note sur les auteurs

Teresa **Schumacher** est originaire de Naples, en Italie. Au cours de la Seconde Guerre mondiale, elle fit la connaissance de celui qui allait devenir son mari, Eugène, et le suivit aux Etats-Unis après la guerre. C'est ici, à cause du régime de vie américain qu'elle développa des problèmes de constipation. Elle en souffrit pendant plusieurs années avant de découvrir une façon de remédier à son problème.

En 1971, après 27 ans de mariage, elle perdit son mari atteint d'un cancer du côlon. Ceci marqua un point tournant dans son existence et, comme elle s'était toujours dévouée pour aider ses semblables, elle se mit à étudier et à mettre en pratique ce qu'elle avait appris. Elle a consacré plus de 25 ans au domaine de la santé, tant aux Etats-Unis qu'en Europe. Diététicienne agréée et iridologue, elle est aussi mère de cinq enfants qui lui ont donné quinze petits-enfants et quatre arrière-petits-enfants.

Remariée à Harry Grennfield, officier de marine à la retraite, elle est établie à St. George, dans l'Utah.

Toni **Schumacher Lund**, pour sa part, est l'aînée des filles de Teresa qui suit les traces de sa mère. Toni est également diététicienne et elle étudie présentement l'iridologie. Mère de six enfants et grand-mère de quatre petits-enfants, elle réside elle aussi à St. George dans l'Utah.

Dédicace

A la mémoire de mon premier mari, Gene, qui m' a incitée à étudier l'alimentation. Mais il était déjà beaucoup trop tard pour lui sauver la vie.

Teresa Schumacher

Mise en garde

Aucune assertion ou partie de ce livre ne peut être utilisée comme diagnostic ou prescription, ou remplacer les conseils d'un médecin. Les données contenues dans ce livre ne vous sont livrées qu'à titre d' information. L'auteur est persuadé qu'il est de votre ressort et de votre responsabilité d'acquérir une plus grande connaissance de votre propre corps. Vous devez apprendre à connaitre votre corps de manière à pouvoir le maintenir en santé.

Les expériences
personnelles de Teresa

Je suis née dans un pays que l'on pourrait presque qualifier de primitif comparativement aux standards d'aujourd'hui. J'avais 19 ans lorsque je montai en automobile pour la première fois, et ce trajet était celui qui me conduisait à la cathédrale de San Gennara à Naples, en Italie, pour y épouser un soldat américain, en 1944, au cours de la Seconde Guerre mondiale.

Nous avons connu de nombreux jours sombres. Très souvent nous n'avions rien à manger et à boire et nous ne voyions même pas le soleil parce que nous devions passer beaucoup de temps dans les abris souterrains (à cause des bombardements). Cependant je ne me souviens pas d'avoir été malade une seule fois, ni de ne jamais avoir souffert de constipation. Je ne me souviens pas non plus d'avoir vu ma famille souffrir de problèmes médicaux ou dentaires. Nous étions sept enfants, tous nés à la maison, et parmi nous, il y avait une paire de jumeaux qui ne pesaient que deux livres et demie et qui ont survécu sans incubateur. Je ne me souviens pas qu'aucun de mes oncles, tantes ou grand-parents aient jamais mentionné avoir été opérés ou aient jamais souffert d'une quelconque maladie. Ce sont de ces choses dont je me souviens en ce qui concerne mes vingt premières années dans mon pays d'origine, l'Italie.

A mon arrivée en Amérique, je fus exposée à tous ces merveilleux aliments que l'Amérique pouvait offrir: les sucres (que nous n'avions jamais eus), les pâtisseries, le pain blanc (qui fait de délicieux sandwichs), la crème glacée, les bonbons (que nous n'avions qu'une fois l'an, à l'Epiphanie) et le lait (nous ne connaissions que le lait maternel). Si une mère ne pouvait allaiter son enfant, elle le confiait à une nouvelle accouchée qui l'allaitait pour elle.

Deux ans après mon arrivée en Amérique, après la naissance de mon premier enfant et après deux ans d'alimentation à l'américaine, j'ai commencé à souffrir de ces maladies typiquement américaines qui sont la constipation, les hémorroïdes et les fistules. Mon cher époux n'en pouvant plus de me voir souffrir de la sorte, prit sur lui de me faire obtenir les meilleurs soins médicaux. Il m'amena à la clinique Thorton Minor à Kansas City où les médecins purent remédier à mon problème sans recourir à la chirurgie. Ils ligaturèrent les hémorroïdes, mais firent une ligature si serrée que la peau se déchirait chaque fois que je devais éliminer, ce qui était très douloureux pour moi.

Je ne pouvais plus manger, sachant très bien que ce qui entrait devait ressortir. J'ingurgitais beaucoup d'huile minérale et mon système nerveux était en très mauvais état. Je maigrissais; mon poids descendit à 90 livres. J'appréhendais le lever du jour parce que je savais que cela signifiait une autre journée de douleurs. Ma vie était devenue un enfer. J'étais devenue si misérable que je songeais même au suicide. La seule chose qui me retenait était la pensée de mes enfants.

Après la naissance de mon troisième enfant notre médecin de famille voulut m'opérer pour les hémorroïdes. J'en étais arrivée au point où cela m'était complètement égal, je donnai donc mon accord et passai deux semaines à l'hôpital.

Peu après, je passai un mois au lit à cause de problèmes de dos. Une gentille et menue vieille dame qui était masseuse suédoise, vint me faire un massage. C'est d'elle que j'ai appris une leçon très importante en matière de nutrition. Elle me conseilla de boire un verre d'eau tiède dès mon lever afin de mettre mon intestin en marche. Elle ajouta que je devais manger un bol de céréales All-Bran afin d'ajouter des fibres à ma diète. C'était à l'époque où le All-Bran ressemblait à de la sciure de bois, mais cela me sauva littéralement. Les médecins ne m'avaient jamais dit quoi manger de manière à ne pas avoir de problèmes. Par la suite, je m'en tins à ce régime alimentaire. Dans tous nos déplacements, j'amenais ma boîte de céréales. Tous les autres mangeaient des oeufs, du bacon et des rôties au petit déjeuner, mais moi je mangeais mes céréales.

Mon programme de maintien consistait en un verre d'eau tiède, une tasse de café, mes céréales et un lavement de temps à autre.

Plusieurs années plus tard, mon mari qui n'avait jamais connu de problèmes de constipation dut être traité pour les hémorroïdes pendant deux ans. Finalement il consulta un spécialiste qui le fit admettre immédiatement à l'hôpital pour une opération qui dura sept heures. Il était atteint d'un cancer du côlon. Quel choc ! Si quelqu'un aurait dû avoir de tels problèmes cela aurait dû être moi. On ne lui donnait que deux semaines à vivre. Je n'étais pas pour le laisser mourir, il était mon roc de Gibraltar. Lorsque j'étais arrivée en Amérique, je ne parlais pas un mot d'anglais, c'est lui qui m'avait appris. Il était là lorsque j'avais besoin de lui. A présent, c'est lui qui avait besoin de moi.

A cette époque-là, je travaillais pour une compagnie qui vendait des vitamines et des sels minéraux naturels et j'avais beaucoup étudié la nutrition. Une des femmes qui travaillait avec moi connaissait bien Johanna Brandt et la "cure des raisins". Nous avons lu le livre et l'avons enregistré pour que mon mari puisse l'écouter. Nous lui avons donné du jus de raisin, quelques gouttes à la fois, jusqu'à ce qu'il puisse prendre assez de force pour manger des raisins. Peu après nous avons ajouté des fruits et légumes crus à sa diète. Il se sentit rapidement mieux, à tel point qu'il put reprendre son travail. Il se sentait guéri et croyait que les médecins s'étaient trompés; il se sentait si bien !

Après quelques mois de consommation d'aliments crus, il recommença à manger des aliments cuits et des fritures lors de ses déplacements. Peu de temps après, il fit une rechute; à partir de ce moment, ce ne fut qu'une question de jours. Nous n'avions pas assez insisté sur le régime aliment-aire et sur la nutrition. Comme j'aurais aimé savoir ce que je sais à présent sur l'alimentation et la santé ! Si cela avait été le cas, je suis certaine qu'il serait encore vivant aujourd'hui. Une bonne alimentation l'aurait guéri et l'aurait maintenu en santé s'il avait continué ce régime. Malheureusement, les habitudes américaines en matière d'alimentation sont si an-crées en nous que nous ne savons pas ce qui est bon pour nous.

Cela fait maintenant dix-sept ans que mon cher mari est décédé, mais ma croisade pour la santé et une saine alimenta-tion se poursuit. J'ai étudié, appris et fait des expériences. J'ai tenté d'aider les autres à vivre en santé, à l'abri de la maladie. Grâce à l'aide de la Providence et à la suite d'une série d'expériences, nous avons développé les fibres herbacées diététiques. Nous avons obtenu des résultats étonnants chez pratiquement tous ceux qui ont essayé le produit.

Mon but est à présent d'enseigner aux gens pourquoi ils devraient utiliser les fibres herbacées diététiques à tous ceux qui veulent atteindre cet objectif.

Pourquoi nettoyer
le côlon et les organes ?

Au début du siècle, une enquête sur la santé fut menée dans 110 pays. Les Etats-Unis se classèrent au 13e rang parmi les pays dont la population était en bonne santé. Récemment, une autre enquête révéla que les Etats-Unis se classaient 79e sur 79 pays, affichant le pire état de santé de la population. Qu'est-ce qui avait causé un changement si marqué dans notre société ? Ne bénéficions-nous pas du meilleur réseau de soins médicaux, de toutes les facilités que nous apporte la technologie moderne, des meilleurs aliments disponibles et ce, dans un large éventail ? Comment se fait-il alors que nous soyons dans un tel état de santé ? Je crois que cela doit être imputé aux produits chimiques et aux aliments préparés industriellement. Mangeons-nous comme nous le faisions il y a 80 ans passés ? Tant de choses ont changé au cours des 80 dernières années et ce, pour notre plus grand bien. Nous avons fait des progrès inimaginables dans le domaine de l'aérospatiale, de l'automatisation et même de l'alimentation. A présent, tout ce que nous avons à faire, c'est déballer une boîte, la placer au micro-ondes et nous voilà avec un souper vite fait. Mais que faisons-nous à notre corps et aux générations à venir ? Nous nous détruisons lentement à force de facilité et de luxe. Nous n'avons plus le temps de faire pousser nous-même notre potager, nous laissons ce soin à d'autres. Nos sols sont si épuisés et nos récoltes tellement pulvérisées avec des produits chimiques que nous affaiblissons notre système immunitaire, laissant la porte ouverte aux allergies, rhumes des foins, arthrite, problèmes cardiaques, SIDA, cancer, etc...et voir où nous en sommes aujourd'hui ? L'humanité a tellement fait de progrès grâce à ses connaissances que nous sommes en train de nous détruire lentement. Il y a tant de souffrances aujourd'hui qui découlent de maladies que nous ne connaissions pas autrefois.

Notre côlon se trouve à la base des problèmes qui nous affligent. Si notre côlon est obstrué par la pâte formée par les sucres, les hamburgers, les frites, la farine blanche, etc..., comment notre corps peut-il assimiler ce que nous avons de bon à lui offrir ? Notre nation compte beaucoup d'obèses parce qu'il nous faut manger deux fois plus afin que notre corps assimile les bons éléments nutritifs contenus dans les aliments.

Nous faisons partie de cet univers et nous ne pouvons nous en dissocier totalement. Que pouvons-nous donc faire pour jouir d'une bonne santé en dépit de notre environnement ?

Premièrement, il nous faut être bien conscient de tout ce qui entre dans notre corps. Il est important de lui fournir des aliments naturels, entiers et vivants, et non pas des aliments qui ont été altérés. Les fruits et les légumes frais, cuits adéquatement, constituent un véritablement festin. La volaille, le poisson, les légumineuses, les grains entiers et les noix constituent une saine alimentation. Plus vous pourrez consommer d'aliments entiers, meilleur sera votre état de santé. La cuisson tue les enzymes vivants contenus dans les aliments.

Deuxièmement, que pouvons-nous faire pour nettoyer notre corps des déchets accumulés depuis des années à la suite de mauvaises habitudes alimentaires ? En Italie, la coutume voulait que nous nettoyions nos maisons à fond au printemps et à l'automne. Je ne sais pas si cela se fait encore mais c'est cela qu'il faut faire avec notre corps ! Etant donné que nous ne mangeons pas toujours comme nous le devrions, il nous faut savoir comment nettoyer notre corps. Ces "mauvais" aliments que nous ingurgitons finissent par tapisser les parois de notre côlon et de nos organes. Il nous faut parfois recourir à des mesures drastiques pour débarrasser notre corps de ces résidus; il nous faut faire un grand ménage de printemps. Je crois fermement que les fibres herbacées diététiques constituent la réponse à ce problème.

Notre culture considère les fonctions intestinales comme un sujet tabou dont il est inconvenant de parler. Quoi qu'il en soit, l'idée s'est comme imposée que les problèmes intestinaux allaient se résoudre d'eux-mêmes. S'ajoute à celle-ci, une autre croyance erronée qui consiste à penser que tout ce que nous achetons au supermarché ou que nous préparons dans notre cuisine sera bien accueilli par notre système gastro-intestinal. Le Dr Tom Spies, honoré pour Services exceptionnels par l'Association médicale américaine, l'a affirmé : "Tous les produits chimiques utilisés par le corps — sauf l'oxygène que nous respirons et l'eau que nous buvons — nous sont fournis par l'intermédiaire des aliments."

Malheureusement, une sélection de mauvais aliments et de méthodes de préparation erronées entraînent des problèmes intestinaux. Les chercheurs ont démontré que la consommation régulière d'hydrates de carbone raffinés jointe à un manque de fibres diminue le temps de passage des déchets intestinaux et stimule la production de bactéries putréfiables dans l'intestin. Ces facteurs ont été reliés non seulement aux maladies intestinales mais aussi à d'autres maladies chroniques touchant l'ensemble du corps.

La fonction du côlon est de servir de système d'égoût, cependant, par négligence et à cause de nombreux abus, il est transformé en bac de décantation. Lorsqu'il est propre et normal, nous nous sentons bien et heureux. Si on le laisse stagner, il va distiller dans le sang les poisons produits par la décomposition, la fermentation et la putréfaction. Cela va empoisonner le cerveau et le système nerveux, ce qui va nous rendre nerveux et irritables; cela empoisonne aussi le coeur, nous rendant faible et apathique; cela empoisonne les poumons et nuit à la respiration; cela empoisonne le système digestif, nous rendant gonflé et mal portant; cela empoisonne le sang, causant un teint brouillé. Bref, tous les organes et toutes les cellules du corps sont empoisonnés et cela nous fait vieillir prématurément. Nous avons l'air vieux et nous nous sentons vieux, nos articulations sont raides et douloureuses; la névrite nous guette, nos yeux sont sans vie et notre cerveau se ramollit, ce qui nous enlève tout plaisir de vivre.

Fort heureusement, ce que les scientifiques appellent le "syndrome de l'irritabilité intestinale" peut être prévenu et la situation normale rétablie dans la plupart des cas, simplement en suivant les conseils énumérés dans ce livre. Mais il faut souvent faire preuve de courage et d'obstination. Rien de mieux que d'adopter une attitude franchement positive. Vous devez prendre vos responsabilités en ce qui a trait à votre santé et à votre bien-être. En améliorant la santé de vos intestins, vous toucherez des dividendes appréciables en plus de ressentir plus d'énergie et de vitalité.

Une fois l'intestin débarrassé de l'accumulation de déchets, la prochaine étape consistera à se départir de vos vieilles habitudes. Cela est très difficile à réaliser, mais il s'agit d'une étape essentielle pour recouvrer une bonne santé. Le processus de reconstruction débute par le développement de nouvelles habitudes et de bonnes attitudes face à la vie. Nous pouvons régénérer notre corps lorsque nos tissus sont propres et qu'ils ont la possibilité d'assimiler tous les éléments nutritifs dont nous avons besoin et qui sont contenus dans les aliments que nous mangeons. Le café et les beignes ne peuvent jouer ce rôle; le sucre et le pain blanc non plus. Si nous n'abandonnons pas nos vieilles habitudes, nous ne pourrons qu'éprouver des résultats temporaires et ponctuels.

Il faut se rappeler que Rome ne s'est pas bâtie en un jour et qu'il en va de même des dividendes attendus d'un bon fonctionnement intestinal : les résultats ne seront pas évidents immédiatement. Développer une élimination adéquate n'est que la moitié du travail à faire.

Nous espérons que vous allez inclure les fibres herbacées diététiques dans votre régime alimentaire.

Côlon sain
Merveille de la nature

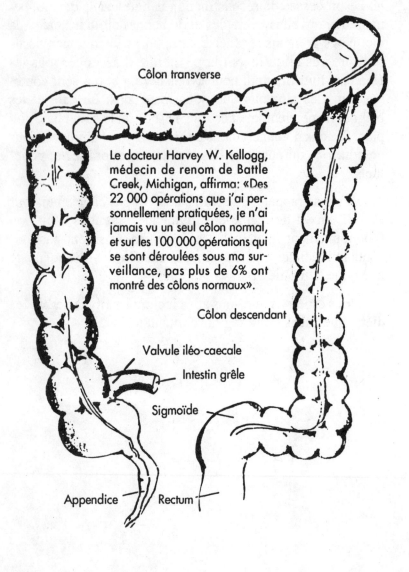

Côlon transverse

Le docteur Harvey W. Kellogg, médecin de renom de Battle Creek, Michigan, affirma: «Des 22 000 opérations que j'ai personnellement pratiquées, je n'ai jamais vu un seul côlon normal, et sur les 100 000 opérations qui se sont déroulées sous ma surveillance, pas plus de 6% ont montré des côlons normaux».

Côlon descendant

Valvule iléo-caecale

Intestin grêle

Sigmoïde

Appendice   Rectum

Côlon normal
Sphincters et anses intestinales et leurs relations avec les centres anatomiques et la pathologie

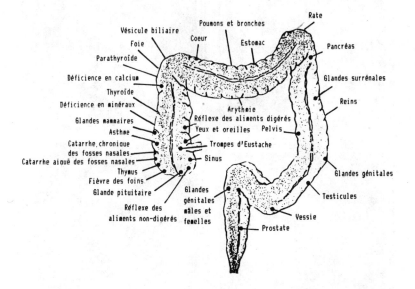

Perversion humaine

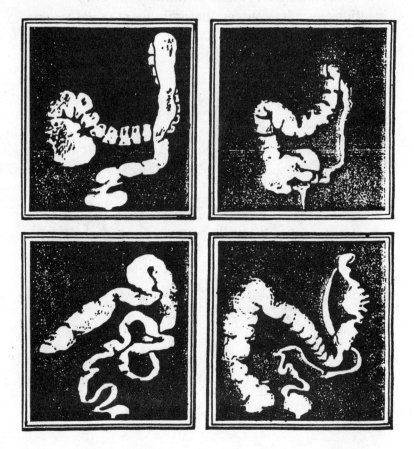

Les quatre dessins ci-dessus sont des reproductions exactes, à échelle réduite, de négatifs de rayon X qui montrent des côlons affaissés, tordus et à l'air maladif. Ces côlons sont ceux de gens civilisés, apparemment en santé, et qui ont vu s'écrouler leurs illusions au sujet de leur bonne santé lorsqu'ils ont vu ces preuves flagrantes de leur état.

Côlon anormal
d'une femme de 36 ans

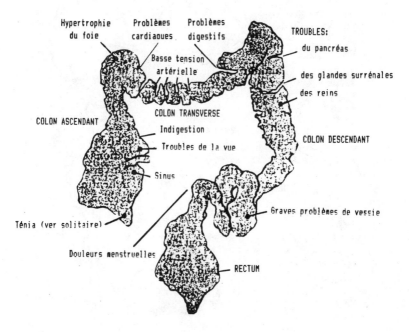

Illustration faite à partir d'un rayon X de Mme R. G. - Los Angeles

Cette patiente était une consommatrice-type de viande et de féculents. Ce côlon est plus ou moins caractéristique des consommateurs de plats cuisinés comportant une quantité moyenne de viande et de féculents.

Côlon malade

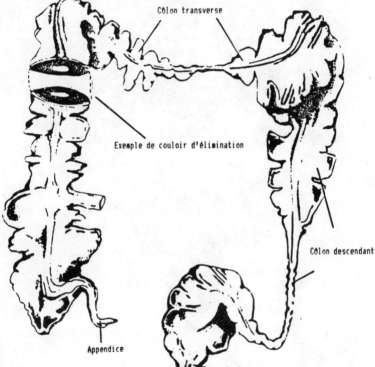

Côlon transverse

Exemple de couloir d'élimination

Côlon descendant

Appendice

Rectum

Les gens d'Hunza

Au cours de ma carrière dans le domaine de la nutrition, il m'a été donné de connaître les gens d'Hunza. Même si je ne les ai pas rencontrés personnellement, j'ai eu l'occasion de travailler en étroite collaboration avec un médecin diététicien qui s'est rendu à Hunza.

Hunza est un petit royaume de montagne à l'ouest du Pakistan, dans l'Himalaya. Les hommes y vivent jusqu'à 120 ans sans connaître la maladie et peuvent procréer jusqu'à l'âge de 90 ans; les femmes de 80 ans y ont l'air d'avoir à peine 40 ans.

Au cours de leur 2 000 ans d'isolement presque complet, les Hunzas semblent avoir développé une façon de vivre, de se nourrir, de penser et de faire de l'exercice qui a de beaucoup augmenté leur durée de vie. Ils ne connaissent ni l'argent, ni la maladie, ni la police, ni le crime, ni la prison. Ils vivent dans un environnement qui ne connait pas les pressions extérieures; ils ignorent le stress. Ils cultivent leurs aliments et mangent ce qu'ils récoltent. Ils ne bénéficient peut-être pas de toutes les commodités modernes de notre civilisation mais ils jouissent de ce qu'il y a de plus important : la santé.

Nous pouvons croire que les commodités modernes, l'argent et les choses matérielles sont importantes, jusqu'à ce que nous perdions la santé. A ce moment-là, nous sommes prêts à donner tout ce que nous avons pour la recouvrer; malheureusement, la santé ne s'achète pas. C'est quelque chose que nous devons entretenir année après année.

Les Hunzas peuvent nous apprendre une leçon très importante. Si nous pouvions mettre davantage l'accent sur de bonnes habitudes alimentaires, acquérir une attitude mentale positive et tenter de la dissocier des habitudes du monde qui nous entoure, nous pourrions avoir le plaisir de vivre de nombreuses années en parfaite santé.

Histoire de cas
Témoignages

L'expérience que j'ai acquise auprès du personnel infirmier m'a permis de découvrir plusieurs manifestations de mauvaise santé chez les gens et ce, parfois par le biais d'autopsies. Dans certains cas, les poumons et le foie présentaient une épaisse couche de mucus; cette dernière était si épaisse qu'on ne pouvait y enfoncer un couteau. Cependant il était possible de la peler comme une orange. Avec un tel capitonnage, comment ces organes pouvaient-ils absorber les bons éléments nutritifs ?

Une dame d'une quarantaine d'années, obèse, se plaignait de diarrhée chronique depuis 15 ans. Les médecins traitaient sa diarrhée à l'aide de médicaments crayeux qui étaient sensés faire diminuer sa diarrhée. Lorsqu'elle mourut, on procéda à une autopsie afin de comprendre pourquoi, à sa mort, elle avait des matières fécales dans la bouche. L'autopsie révéla que certaines parties de son côlon avaient un diamètre de 12 pouces. Son côlon était si dur et engorgé qu'on dut le briser à l'aide d'un ciseau. On aurait dit du béton. Les médicaments avaient tapissé les parois de son côlon, et au cours des années, avaient fini par le boucher complètement. Les diarrhées dont elle souffrait étaient un signe d'alarme, c'était la seule façon dont le corps pouvait réagir pour la garder en vie. En prenant constamment des médicaments crayeux, cela ajoutait au stress subi par son côlon et cela finit par l'obstruer totalement. Elle devait éliminer, mais comme son côlon était bouché, les matières n'avaient aucune issue, elle sont donc remontées et on finit par l'étouffer jusqu'à ce qu'elle meurt.

Notre corps fait de grands efforts pour nous garder en vie en dépit de ce que nous lui faisons subir; cependant, avec le temps, nous finissons par vaincre sa résistance avec nos mauvaises habitudes; il nous faut alors payer le prix, c'est-à-dire être en mauvaise santé.

Une amie vint me rendre visite avec son mari qui souffrait d'une hernie hiatale. Je me rendis compte, à son apparence générale, que c'était elle qui avait un problème grave. Elle me dit qu'elle savait qu'elle allait bientôt mourir et qu'il n'y avait plus rien à faire pour la sauver. Elle me dit qu'elle croyait avoir le côlon bouché en plus d'une longue liste de problèmes dont la diverticulite, l'arthrite, les indigestions et des problèmes de reins. Elle était mentalement très angoissée. Elle prenait de nombreux médicaments depuis plusieurs années et ces derniers ne faisaient plus effet. Les médecins voulaient lui faire subir une colostomie mais elle avait refusé. Elle avait déjà rédigé son testament et distribué ses biens.

Son mari et elle vinrent aux leçons de nutrition que je dispensais à cette époque-là. Ils décidèrent tous deux de suivre le programme complet comprenant l'utilisation de plusieurs herbes. Je lui rendis visite quotidiennement et notai ses progrès. En peu de temps, ce fut une femme différente. Son côlon avait rajeuni, et elle aussi. Il était étonnant de constater une si grande différence en si peu de temps. Elle était résolue à suivre le programme et elle fit de son mieux.

Elle se donnait entièrement à son nouveau but qui était d'être en santé. On ne lui avait donné que quelques mois à vivre. Cela se passait il y a trois ans. A présent, elle se sent mieux, comme elle ne s'est jamais sentie depuis des années.

Une autre dame me téléphona. Malgré les 200 milles qui nous séparaient, je perçus très bien son angoisse. Je lui dis qu'elle devait venir me voir et lui donnai mes tarifs en lui mentionnant aussi que j'étais iridologue. Je m'attendais à ce qu'elle soit réticente mais il n'en fut rien. Elle prit rendez-vous et vint avec une amie. Je lui suggérai un programme alimentaire. Lorsque je la vis, je me rendis compte qu'avec la gravité de son état, elle aurait besoin d'aide pour suivre le programme. Elle m'était tout à fait étrangère, néanmoins j'avais le goût de la prendre chez moi afin de pouvoir l'aider comme je l'aurais fait pour une amie. Elle retourna chez elle et revint quelques jours plus tard. A cette époque, je dispensais des cours sur l'alimentation et je me dis que cela pourrait lui être utile de les suivre. Elle demeura avec mon mari et moi pendant plusieurs jours. Dans son programme, elle apprit à choisir les herbes qui convenaient au traitement de ses problèmes.

Permettez-moi de glisser quelques mots au sujet des problèmes dont elle souffrait. Certains de ses faits et gestes, ainsi que certains de ses commentaires auraient pu faire croire qu'elle aurait dû être dans une institution psychiatrique. On lui avait dit qu'elle souffrait de colite chronique. Elle avait subi toutes sortes de tests qui ne révélèrent rien de concluant. On avait voulu l'opérer, mais elle n'avait pas voulu se laisser faire. Elle avait suivi des jeûnes à base d'eau et de jus, elle n'avait rien mangé de solide depuis plus de trois mois. Rien de ce qu'elle faisait ne s'avérait positif, ni ne produisait le moindre résultat. C'est alors qu'elle décida qu'elle n'avait plus de temps à consacrer aux expériences et qu'elle décida de venir me consulter.

Je diagnostiquai qu'elle souffrait de parasites qui la dévoraient vivante. En utilisant les fibres herbacées diététiques, elle se mit à évacuer ces parasites dont certains mesuraient jusqu'à trois pouces de long. Elle avait de fortes crampes du côlon suivies, peu de temps après, par une forte élimination de parasites. Elle remplissait le bol de toilette à chaque fois, éliminant parfois des genres de cordons noirs si résistants qu'on ne pouvait les couper avec un couteau.

Aujourd'hui, c'est une nouvelle personne. Elle suit le programme de maintien, utilise les fibres herbacées diététiques et se porte à merveille. Elle s'alimente convenablement, travaille de 12 à 14 heures par jour et sa famille est assurée de garder sa nouvelle maman longtemps.

Le processus d'élimination

L'un des plus importants processus de notre corps est l'élimination. Et pourtant, c'est celui que nous comprenons le moins bien. La plupart des gens connaissent peu de chose à ce sujet. La peau constitue le plus gros organe de réjection des déchets du corps. Si la peau n'élimine pas bien, cela nuit aux poumons, aux intestins et aux reins. De plus, si aucun de ces éliminateurs ne peut effectuer le travail pour lequel il est conçu, c'est chaque organe qui devra porter le poids de cette intoxication et, de ce fait, sera surchargé.

Vous savez qu'une bonne élimination intestinale doit se faire après chaque repas (de 16 à 24 heures après l'ingestion). Si vous prenez trois repas complets par jour, vos intestins devraient fonctionner trois fois par jour, habituellement peu de temps après votre dernier repas.

Le corps élimine ses déchets pour trois raisons principales :

1. Vous avez mangé des aliments, vous en avez tiré de l'énergie et il en est résulté des produits dérivés. Ceux-ci constituent les déchets ou matières fécales et ils doivent être évacués du corps.

2. Si les déchets ne sont pas éliminés du corps dans les 24 heures, il se produit une accumulation de produits toxiques.

3. Si une telle accumulation de produits toxiques se produit, cela crée un milieu propice au développement de parasites. Il y a des parasites dans tous les aliments naturels et dans l'eau.

La période d'incubation des parasites est de 36 heures. En cas de mauvaise élimination, il faut s'attendre à une infection parasitaire. En sachant que le corps doit éliminer les déchets d'un repas en moins de 24 heures, il est tout à fait renversant d'apprendre que le temps moyen d'élimination en Amérique est de 96 heures.

Le côlon est un organe comme les autres dans notre corps. Il a besoin d'aliments vivants et d'exercice. On devrait lui donner un répit une fois par semaine, tout comme vous prenez une journée de congé à votre travail. Aimeriez-vous travailler 24 heures par jour, sept jours par semaine ? Pensez à votre côlon comme à un ami, et essayez donc de l'aider un peu. Comment faire ?

1. Développez de meilleures habitudes digestives en mastiquant très bien vos aliments.

2. Mangez des aliments que votre corps peut utiliser, mangez beaucoup d'aliments crus.

3. Mangez pour vivre, ne vivez pas pour manger.

4. Mettez l'accent sur la qualité de vos aliments et non sur la quantité de ces derniers.

5. Améliorez l'action des bactéries dans votre côlon, ne la contrecarrez pas avec des produits chimiques.

6. Un jour par semaine, chaque semaine, ne mangez qu'un seul aliment et ne buvez que le jus de ce seul aliment.

Plus que toute autre partie de votre corps, votre côlon affecte toutes vos cellules. Même si son travail est moins agréable que celui des autres organes, celui-ci bénéficie le plus à tous les organes. De ce fait, nous devrions donner priorité aux soins, à la connaissance et au bon fonctionnement de ce processus vital. Le cancer du côlon est très répandu en Amérique mais il serait facile de le prévenir en prenant soin de son intestin et mangeant des aliments riches en enzymes.

Un mouvement péristaltique intestinal sain devrait être tel que vous ne devriez avoir besoin que de deux minutes pour déféquer et vider votre intestin sans avoir à utiliser de papier hygiénique. Votre corps est conçu pour fonctionner de cette manière et vous allez vous rendre compte que vous en êtes capable au fur et à mesure que vous allez ajouter à votre alimentation des aliments crus, de la bonne eau, que vous allez éliminer correctement, faire de l'exercice et utiliser les fibres herbacées diététiques.

Le côlon affecte toutes les parties du corps. La mauvaise haleine ainsi que les odeurs corporelles peuvent avoir leur origine dans le côlon. Saviez-vous que les aborigènes en Afrique s'assurent de vider leurs intestins avant de partir pour la chasse ? Ils savent qu'ainsi l'animal aura plus de difficulté à déceler leur odeur.

Le processus de guérison

Dès que vous commencerez à changer vos habitudes alimentaires et que vous ajouterez à vos habitudes quotidiennes les fibres herbacées diététiques ainsi qu'un peu d'exercice, vous pourrez vous attendre à des changements au niveau de votre corps, changements qui pourront parfois vous inquiéter. De tels changements indiquent toutefois une amélioration positive en cours et se doivent d'être bien compris et interprétés.

Lorsque nous donnons à notre corps des aliments sains et de l'exercice, des changements remarquables se produisent au niveau de l'organisme et de l'esprit. La merveilleuse intelligence qui est présente dans chaque cellule du corps ainsi que la sagesse de notre corps commencent à se manifester immédiatement. Lorsque la qualité des aliments que nous faisons absorber à notre corps est plus grande que celle dont les tissus sont composés, le corps commence à rejeter les matières et les tissus de moins bonne qualité de façon à faire de la place pour les matières de qualité supérieure qu'il va utiliser pour fabriquer des tissus nouveaux et de plus grande qualité. Le corps se montre très sélectif et tend sans cesse à l'amélioration, ce qui se traduit par une meilleure santé.

Quels sont donc ces symtômes ou ces signes auxquels

nous devons nous attendre lorsque nous commencons à éviter les aliments de moins bonne qualité et les stimulants et que nous les remplaçons par des aliments sains ? Rappelez-vous que les herbes constituent des aliments sains. Lorsqu'on cesse brusquement de prendre des stimulants toxiques tels le café, le thé, le chocolat ou le cacao, il est fréquent de ressentir des maux de tête et de se sentir déprimé. Ce phénomène est dû au fait que le corps se débarrasse des toxines que sont la caféine et la théobromine qui, une fois extirpées des tissus, sont transportées dans le sang. Avant que les agents nocifs atteignent leur destination finale pour être éliminés, ces irritants se manifestent à notre conscience sous forme de douleur — en d'autres termes, sous forme de maux de tête. La fatigue est due, quant à elle, au ralentissement du coeur — une phase de repos qui suit la stimulation rapide du coeur engendrée par la prise antérieure de stimulants. Une action plus lente du coeur, beaucoup plus saine d'ailleurs, peut se faire sentir sur une période de trois à dix jours et s'accompagner d'un léger état dépressif. Après cette période, les symtômes disparaissent et nous nous sentons plus forts par suite de la récupération qui suit.

Dans une moindre mesure, le même processus s'opère lorsque nous abandonnons les aliments de qualité inférieure et que nous les remplaçons par de meilleurs aliments. Les aliments de qualité inférieure — ceux qui contiennent des additifs, des épices, du sel et des préservants — ont tendance à être plus stimulants que ceux qui sont moins apprêtés et plus naturels. De même, les matières animales comme la viande sont plus stimulantes que le fromage, les noix et les protéines végétales. Conséquemment, le manque de stimulation qui suit un changement de régime en faveur de produits plus naturels, engendre un état de repos du coeur qui est enregistré par l'esprit comme une période de relaxation ou une baisse d'énergie. Cette période de fatigue dure une dizaine de jours, parfois un peu plus et est suivie par un regain de vitalité, une diminution du stress et un sentiment de plus grand bien-être.

En poursuivant avec un régime amélioré pour un certain temps, on peut s'attendre à éprouver un phénomène de "reconstitution". C'est comme si l'intelligence des cellules s'exprimait ainsi : "Oh ! Regardez tous ces beaux et bons matériaux de construction qui nous arrivent. Nous avons à présent la chance de nous débarrasser de ces vieilleries et de construire une magnifique maison neuve. Jetons cet excès de bile hors du foie et de la vésicule, et envoyons tout cela à l'intestin pour qu'il nous en débarrasse. Débarrassons les artères, les veines et les capillaires de cette fange. Ces masses malodorantes, gazeuses, abrutissantes pour le cerveau, on les a supportées trop longtemps — Dehors ! Ces dépôts d'arthrite dans les articulations doivent être nettoyés. Eliminons ces aliments irritants que sont les préservants, l'aspirine et les médicaments, en même temps que ces masses de graisse qui nous ont empoisonné la vie si longtemps. Allons-y, mettons nous à l'oeuvre jusqu'à ce que le travail soit terminé — jusqu'à ce que nous ayons une belle maison."

Au cours de la première phase l'accent est mis sur l'élimination, ou la dissociation des tissus. Le corps commence le grand nettoyage de la maison — bref, à se débarrasser des déchets déposés dans tous les tissus. Etant donné que les déchets sont évacués rapidement, on peut avoir de fréquentes selles et, souvent, dégager une mauvaise odeur et avoir des bouffées de chaleur dues aux toxines.

La deuxième phase s'amorce lorsque la quantité de matières rejetées équivaut à la quantité de nouveaux tissus formés par les mauvais aliments, plus nutritifs, que vous ingérez. La troisième phase en est une d'accumulation. A ce moment-là, la plupart des déchets nuisibles ont été évacués et les tissus qui se sont formés depuis que le régime s'est amélioré en qualité sont plus durables. De plus, les nouveaux tissus se forment plus rapidement grâce à une meilleure assimilation des éléments nutritifs. Les besoins du corps en aliments décroissent et il nous est possible de maintenir notre poids et d'augmenter notre niveau énergétique avec moins d'aliments.

Au cours de ce processus de reconstruction, il est possible d'éprouver de temps en temps des "crises de guérison", et on devrait considérer cela comme un signe d'encouragement. Il s'agit d'une phase cruciale dans la marche vers la santé, et il ne faudrait pas en contrecarrer les effets. Au fur et à mesure que le corps reprend des forces, il lui arrivera parfois de faire du nettoyage avec un esprit de vengeance. Les symptômes peuvent varier selon la nature des déchets qui sont évacués, l'état des organes concernés par cette élimination ainsi que selon le niveau d'énergie dont vous disposez. Au début, on peut ressentir des maux de tête; on peut aussi faire de la fièvre ou attraper un rhume. La peau peut se fendiller. Il peut se produire une courte période de diarrhée ou d'engorgement de l'intestin. Des sensations de fatigue et de faiblesse, une perte d'intérêt pour l'exercice, de la nervosité, de l'irritabilité et des sentiments dépressifs sont fréquents. Soyez très heureux de ressentir de tels symptômes.

Plus vous vous reposerez et laisserez votre système digestif en repos, plus rapidement ces symptômes disparaîtront et plus bénéfique sera cette crise de guérison. De plus, si vous recourez aux lavements pour nettoyer votre côlon, vous accélérerez le processus et les symptômes en seront de beaucoup diminués. Réalisez que votre corps rajeunit et refait sa santé parce que vous rejetez de plus en plus de déchets qui, à la longue vous auraient occasionné des douleurs, des maladies et de la souffrance. Le rejet des toxines vous sauve de maladies plus graves qui auraient pu faire en sorte que vous les gardiez dans votre corps — cela aurait pu se traduire par des problèmes rénaux, hépatiques, des maladies du sang, une maladie du coeur ou des tumeurs. Soyez heureux de payer la facture maintenant, et à un coût beaucoup moindre.

C'est de cette manière que la nature fait place nette. Comprenez bien que ces actions sont positives, même si les symptômes sont désagréables. N'essayez pas d'enrayer ces symptômes par la prise de médicaments. Ces symptômes font partie du processus de guérison et ne sont ni des manifestations allergiques, ni des symptômes qui devraient être supprimés.

N'essayez pas de vous guérir d'un processus de guérison!

Lorsque vous commencerez votre voyage vers la meilleure santé possible, émerveillez-vous devant les voies que le corps humain prend pour se régénérer lorsqu'on lui fournit les bons éléments. Accueillez les processus de nettoyage et de guérison. Donnez-vous la chance d'expérimenter ce que c'est que d'être en pleine santé et plein de vitalité en éliminant de votre régime les aliments sans valeur nutritive et dangereux, et en leur substituant des aliments frais entiers et les suppléments adéquats, ainsi qu'en accueillant avec joie les efforts de nettoyage de la nature ! Assurez-vous d'inclure les fibres herbacées diététiques dans votre programme.

Nettoyage par les
fibres herbacées diététiques

Commencez votre journée en buvant de 4 à 6 onces d'eau chaude avec une cuillerée à thé de jus de citron. Ceci sert à mettre votre estomac en condition.

Mettez 6 onces d'eau froide ou 3 onces de jus et 3 onces d'eau dans un récipient qui ferme hermétiquement. Ajoutez la quantité de fibres herbacées diététiques requise pour votre poids, mélangez ou agitez bien, et buvez le mélange rapidement.

Vous pouvez utiliser votre jus de fruit préféré ou prendre de l'eau plate. Si vous utilisez du jus, diluez-le dans de l'eau. (Ceux qui souffrent d'hypoglycémie et d'infection due à un champignon doivent utiliser de l'eau)

Si vous désirez perdre du poids, il serait préférable de manger immédiatement après avoir avalé les fibres herbacées diététiques. Il serait bon le matin de ne manger qu'un fruit ou un déjeuner léger et de prendre un bon repas à midi. Vous vous rendrez vite compte de ce qui convient le mieux à vos activités et à vos besoins énergétiques.

Avant le souper, prenez 6 onces d'eau ou 3 onces de jus et 3 onces d'eau avec la quantité requise de fibres herbacées diététiques. Mangez comme d'habitude. Les fibres herbacées diététiques peuvent être prises régulièrement, selon vos besoins. Si votre but est de nettoyer votre côlon, il faudrait les prendre deux fois par jour pendant 30 jours, puis réduire à une fois par jour pour 30 jours, puis une fois tous les deux jours pour un autre 30 jours. Par la suite, on pourra les prendre seulement au cours des fins de semaine pour se débarrasser des résidus des aliments mangés durant la semaine. Votre corps saura à quel moment vous en aurez besoin. Soyez à l'écoute de votre corps, vous saurez ainsi quand viendra le temps d'effectuer un autre nettoyage.

Nous ne sommes tous que des êtres humains et nous ne faisons pas toujours ce que nous devrions. Il est donc heureux de savoir qu'il existe une façon de corriger ce que nous avons fait de mal.

Nous avons réalisé qu'il était très important de boire de 8 à 10 verres d'eau par jour. L'eau aide le corps à se débarrasser de ses déchets. Au cours de la période de perte de poids, le corps a beaucoup plus de déchets à éliminer. Une quantité adéquate d'eau aide à cette élimination.

Nous recommandons d'utiliser les fibres herbacées diététiques en tant que nettoyant pour le corps et non comme régime amaigrissant, mais à notre grande surprise, plusieurs utilisateurs ont perdu plusieurs livres et plusieurs pouces en suivant le programme. D'autre part, ceux dont le poids était sous la normale ont pris du poids.

En fait, tout cela est bien logique : lorsque le corps est en bonne santé, il se régularise de lui-même et le besoin de consommer de mauvais aliments diminue.

Si vous souffrez de graves problèmes de constipation et que vous êtes dépendant des laxatifs, nous vous suggérons, pour un court laps de temps, de prendre du senné ou de la bourdaine avec vos fibres herbacées diététiques, puis d'abandonner progressivement le senné et la bourdaine. Nous vous recommandons également d'ouvrir les capsules et d'en mélanger le contenu à vos fibres herbacées diététiques afin d'en tirer le meilleur résultat.

Divisez la quantité quotidiennement requise de nettoyant en 4 à 5 portions de manière à toujours prendre la même quantité mais plus fréquemment. Si vous avez des problèmes de côlon, il se peut que certaines parties de votre côlon soient très étroites et qu'il soit difficile d'y faire passer de grandes quantités à la fois.

Souvenez-vous que les fibres herbacées diététiques vont aider à améliorer la santé de votre côlon mais que cela peut prendre un certain temps. Si vous avez fait usage de laxatifs pendant des années, vous ne pouvez vous attendre à des miracles du jour au lendemain. Les fibres herbacées diététiques se composent d'herbes conçues pour améliorer la santé de vos organes et, parce que vos organes ont été maltraités dans le passé, cela prendra vraisemblablement un certain temps avant qu'ils ne redeviennent sains.

Témoignages

J'ai commencé à prendre les fibres herbacées diététiques alors qu'elles n'en étaient qu'au stade expérimental. Je les prenais pour nettoyer mon côlon et mes organes ainsi que pour regénérer mon système immunitaire. Sans me préoccuper de perdre du poids, j'ai perdu 30 livres, surtout dans la région abdominale.

Dans ma famille, on utilise des herbes depuis des générations, et j'ai personnellement étudié les herbes et la nutrition. Ma femme, qui est sage-femme, utilise des herbes avec ses patientes. Elle souffrait d'un problème chronique depuis des années, et même avec nos connaissances des herbes, nous ne réussissions pas à la soulager. Avec les fibres herbacées diététiques son problème a diminué de façon radicale. Toute la famille s'est mise aux fibres herbacées diététiques.

Nous avons des connaissances en iridologie et cela nous fait plaisir de voir, dans les yeux de nos enfants, leur état de santé qui s'améliore. Nous pensons que cette formule est efficace à plusieurs points de vue.

M.S.

J'ai perdu 25 livres en trois mois grâce aux fibres herbacées diététiques. Cela m'a fait perdre du poids, mais je n'ai pas perdu de tonus musculaire. Je ne suis pas de celles qui font de l'exercice, aussi me faut-il dire ici que je n'ai pas fait d'exercices pour raffermir mes muscles. J'ai toujours eu des problèmes avec mes hanches et je croyais que cela était héréditaire. J'ai perdu plusieurs pouces aux hanches. J'avais toujours eu des hanches qui me servaient d'appui pour porter mes enfants, à présent il ne m'en reste plus pour mes petits-enfants !

Cela fait plusieurs mois que j'ai perdu du poids et j'ai été capable de me maintenir. Pendant des années, sans succès, j'avais tenté de perdre du poids. Je ne perdais quelques livres que pour mieux les reprendre et même en ajouter. Je n'ai fait que prendre les fibres herbacées diététiques deux fois par jour et boire de 8 à 10 verres d'eau par jour. Je continue de prendre les fibres herbacées diététiques de temps à autre et je bois encore mes 8 à 10 verres d'eau par jour. Je dois dire que je n'ai pas commencé à prendre les fibres herbacées diététiques pour perdre du poids; c'était bien la dernière chose à laquelle je pensais. Je les prenais pour nettoyer mon système et, tout en suivant cette cure, non seulement ai-je perdu du poids, mais mes yeux sont passés du noisette au bleu clair. Je ne me souviens pas d'avoir jamais eu les yeux bleus.

Je me sens bien de savoir que mon système est plus propre qu'il ne l'a été depuis des années, et je suis heureuse de pouvoir habiller du 10 ans de nouveau. Je suis très reconnaissante pour cette formule herbacée et pour la santé qu'elle m'a redonnée.

T.S.

Cela fait maintenant deux mois que je prends les fibres herbacées diététiques et j'ai perdu 20 livres. J'ai déjà essayé toutes sortes de régimes, mais en vain. A présent, je ne fais que surveiller l'aiguille de la balance qui descend. J'ai commencé à prendre les fibres herbacées diététiques et à les faire prendre à ma famille, afin de nettoyer nos côlons et nos systèmes en général. J'ai pu constater une grande différence dans l'attitude mentale de mes enfants.

Cela a aidé notre famille sur beaucoup de plans. Nous prenions de l'orge verte et nous avons été très contents d'entendre parler des fibres herbacées diététiques. Ces deux produits ont changé nos vies et nous en sommes très heureux.

P.S.

J'ai commencé à prendre des fibres herbacées diététiques pour soulager un problème de vésicule biliaire. Je suivais un régime doux : des légumes, pas de salade, de la crème de blé, du pain sans beurre. Je prenais les fibres herbacées diététiques trois fois par jour et ne mangeais plus rien après 17 heures. Je buvais beaucoup de jus et d'eau. J'ai scrupuleusement suivi ce régime pendant trois semaines, et j'ai perdu 10 livres. Graduellement, j'ai ajouté d'autres aliments à mon régime et j'ai continué à prendre des fibres herbacées diététiques trois fois par jour, et j'ai perdu un autre 10 livres. Je n'avais plus envie de ces mauvais aliments que j'avais l'habitude de manger et j'ai réussi à faire passer mes pierres au foie.

Ma fille de 14 ans s'est aussi mise aux fibres herbacées diététiques en même temps que moi et elle a, elle aussi, perdu 10 livres. Elle est beaucoup plus calme et n'éprouve pas les problèmes que la plupart des adolescents vivent à cet âge-là. Nous sommes très heureux d'avoir connu l'existence des fibres herbacées diététiques.

E.A.

A faire lorsque l'on prend
les fibres herbacées diététiques

Mangez le plus possible de légumes crus ou légèrement cuits à la vapeur. Le corps a besoin de beaucoup de fibres pour aider au processus de nettoyage. Les salades sont une bonne manière de se procurer ce type d'aliment. Le poulet et le poisson sont de loin supérieurs à la viande rouge. Les fruits frais sont très bons, mais rappelez-vous qu'il faut les consommer en tant que repas. Ne mangez jamais de fruits après un repas.

Abstenez-vous de consommer des eaux gazeuses, du café, des bonbons et des produits laitiers, sauf en ce qui concerne le yogourt, le babeurre et le beurre. Buvez beaucoup d'eau lorsque vous prenez les fibres herbacées diététiques afin d'aider le corps à éliminer les déchets.

Les lavements sont importants. Ils aident à faire sortir plus rapidement les matières du côlon et facilitent le processus de nettoyage. Le lavement devrait se faire après une élimination normale de manière à ne pas rompre le cycle naturel de votre corps. Il y a des gens qui ont besoin de lavements plus souvent que d'autres. Jugez vous-même votre situation. Plusieurs n'aiment pas se faire de lavements parce que cela prend du temps, que c'est embarrassant ou parce qu'ils ne savent pas comment procéder. Il faut cependant spécifier qu'un lavement occasionnel est très bon pour la santé du côlon.

Récapitulons les étapes à suivre lors d'un lavement. Utilisez un sac à douche ordinaire. Ce sac ne devrait pas être suspendu à une hauteur de plus de 18 pouces au-dessus du corps, autrement la solution de lavement circulerait trop rapidement dans le côlon et cela pourrait être douloureux. Lubrifiez l'injecteur avec de la vitamine E ou une gelée lubrifiante.

La position couchée, sur le dos, jambes repliées et genoux sur le thorax semble la plus populaire. La tête, les épaules et les bras reposent sur le sol et les fesses sont surélevées.

Il existe une autre position qui consiste à se placer sur le côté gauche et à ne laisser pénétrer qu'une tasse de solution à la fois. On masse le côté droit, puis on se place sur le dos environ cinq minutes; on se tourne ensuite du côté droit. Essayez de garder le lavement pendant une quinzaine de minutes, plus si possible; vous pouvez ensuite l'évacuer. Retirez l'injecteur et restez allongé sur le côté gauche quelques minutes.

Contrôlez l'injecteur et faites pénétrer autant de liquide que possible sans être inconfortable. Le moment d'évacuer va se faire sentir par des crampes et par le besoin imminent d'évacuer. La capacité de garder plus de liquide va augmenter à mesure que le côlon sera plus propre. N'utilisez que de l'eau pure.

Un lavement au sel et au bicarbonate de soude se compose de trois sacs d'eau de deux pintes chacun. Le premier sac ne contient que de l'eau. Dans le second sac, mettez 2 cuillerées à soupe de sel et 4 cuillerées à soupe de bicarbonate de soude. Dans le troisième sac, mettez 4 cuillerées à soupe de chlorophylle.

Pour préparer un lavement à l'ail, passez au mélangeur six gousses d'ail, dans trois tasses d'eau : mélangez et passez. Utilisez une demi-tasse de ce mélange dilué dans deux pintes d'eau. L'ail est un antibiotique naturel, il aide à abaisser le taux de stress, tue les parasites tout en débarrassant le côlon de ses toxines.

Un lavement au cataire se prépare en mélangeant 2 cuillerées à soupe de cataire dans une pinte d'eau pure; on passe ce mélange et on y ajoute de l'eau dans le sac à douche. Le cataire est un calmant pour le côlon, il soulage les coliques d'enfants, leurs fièvres ainsi que les maladies infantiles.

Un lavement à l'orme rouge se prépare en ajoutant 2 cuillerées à soupe d'orme rouge en poudre à une pinte d'eau chaude; laissez infuser, passez et ajoutez à l'eau du sac à douche. Cela neutralise l'acidité, absorbe les gaz et adoucit les irritations du côlon. Ce mélange est aussi très bon pour les colites, les diarrhées et les hémorroïdes.

Une personne souffrant de diarrhées doit faire un lavement à l'ail et trois lavements au sel et au bicarbonate de soude par semaine jusqu'à ce que la diarrhée ait cessé. La diarrhée est, pour le côlon, une façon de manifester la présence d'une infection. L'ail est un antibiotique naturel qui va tuer l'infection.

Ce n'est pas tout le monde qui a besoin de lavements régulièrement; tout dépend de l'état de votre côlon. Il est parfois recommandé de faire un bon massage du côlon. Ecoutez votre corps, il vous dira quand il aura besoin d'aide.

Les leucocytes acidophiles reconstituent de bonnes bactéries dans le côlon et dans les intestins; ils devraient faire partie intégrante de ce processus. Les lavements détruisent toutes les bactéries dans le côlon, y compris les bonnes bactéries. De ce fait, les leucocytes acidophiles devraient être pris au coucher afin de reconstituer les bonnes bactéries.

Bains de gingembre. Le gingembre, pris en bains avec de l'eau tiède ou chaude, a la propriété d'extirper du corps les substances toxiques. En mettre dans le bain 2 cuillerées à soupe (moins pour les jeunes enfants) et faire couler de l'eau chaude. Entrez dans le bain et augmentez la chaleur de l'eau jusqu'à ce que l'eau soit très chaude sans toutefois vous brûler. Laissez-vous tremper dans cette eau pendant au moins 20 minutes, tout en buvant une tisane ou un bouillon de poulet. Ceci devrait enclencher le processus de sudation. Après 20 à 30 minutes, sortez du bain, séchez-vous et enveloppez-vous dans un drap ou une couverture légère et mettez-vous au lit pendant environ une heure afin de continuer à transpirer.

Cela va extraire les toxines de votre corps et vous allez sentir une vigueur et une santé accrues.

Ce traitement est idéal lorsque vous sentez venir la grippe ou le rhume. Il vous débarrassera rapidement des toxines et réduira la durée de la maladie.

N'espérez pas obtenir des résultats immédiats. Vos problèmes ne datent pas d'hier et ce serait exagéré de croire qu'ils vont disparaître du jour au lendemain. Cela prend sept ans à rajeunir un corps. Plus cela fait longtemps que vous souffrez de constipation, plus cela va prendre de temps à nettoyer le côlon et les organes.

Si vous éprouvez des désagréments en prenant les fibres

herbacées diététiques, il serait préférable de vous asseoir dans un bain d'eau chaude et de vous masser le côlon doucement.

J'ai vu des gens prendre les fibres herbacées diététiques et en être tellement satisfaits qu'ils ne voulaient pas arrêter de les prendre. Cela ne pourrait en aucun cas faire de tort à quelqu'un qui les prendrait toute sa vie durant. Les herbes dont sont composées les fibres herbacées diététiques sont de celles qui regénèrent le système nerveux, activent le foie et la vésicule biliaire; elles contiennent de bons éléments nutritifs pour le corps dans son ensemble. Lorsque vous prenez les fibres herbacées diététiques, vous ressentez un sentiment de calme et de bien-être.

Si vous êtes obèse, il se peut que vous constatiez une perte de poids. Si votre poids est sous la normale, il se peut que vous preniez du poids. Ce processus de nettoyage va rétablir l'équilibre de votre métabolisme et votre corps réajustera son poids en conséquence.

Récemment, un jeune homme est venu me consulter pour un grave problème de blocage de côlon. Il avait essayé sans succès des jeûnes à l'eau, au jus et au blé. Il prit les fibres herbacées diététiques pendant deux semaines. Il en éprouva des douleurs et des désagréments. Il prit des bains chauds et se massa doucement le côlon et fut ainsi capable d'évacuer les matières fécales qui bloquaient son côlon. Il dégageait de mauvaises odeurs et était plein de parasites.

Il ne pouvait pas dissoudre tout cela, même avec tous les jus qu'il buvait. Il avait besoin de fibres et de volume ainsi que de la bonne combinaison de fibres. Avec le temps, grâce à des soins appropriés et à une bonne alimentation, il put reconstituer son côlon.

Rappelez-vous que les éléments nutritifs ne peuvent être assimilés si les parois intestinales sont engorgées par les matières fécales.

Aliments

Il est important de choisir et de manger des aliments qui sont bons pour vous, mais il est encore plus important de savoir comment on a fait pousser ces aliments et comment ils ont été préparés.

Voici quelques règles de base à suivre :

1. Achetez des fruits et des légumes organiques.

2. N'achetez que des produits frais et en quantité limitée afin de les consommer rapidement. La valeur réside dans la fraîcheur.

3. Achetez toujours des fruits et légumes de choix. On ne réalise pas de véritables économies en achetant des aliments de moindre qualité.

4. Ne pelez jamais les légumes car c'est la peau qui contient la plus grande partie des éléments nutritifs.

5. Cuisez ou étuvez les légumes dans aussi peu d'eau que possible. Ne cuisez pas trop les aliments. Servez-vous des jus et des eaux de cuisson.

6. Mangez de généreuses portions de salades et de légumes crus deux fois par jour.

7. Ayez toujours des fruits frais de saison sous la main.

8. Lorsqu'ils ne sont pas disponibles, remplacez les fruits frais par des fruits séchés. Buvez l'eau dans laquelle ils ont cuit ou trempé.

9. Mangez des graines ou des fèves germées, plus particulièrement en hiver et au début du printemps.

10. Insistez sur les pains complets et de blé entier, concassé si possible.

11. Buvez du babeurre et mangez du yogourt.

12. Manger du beurre fraîchement barraté et du fromage à pâte non raffinée.

13. Réduisez le nombre d'aliments différents pris dans un même repas à un minimum agréable pour la dégustation.

14. Mangez des céréales entières et en grains.

15. Buvez de grandes quantités d'eau pure.

16. Servez-vous d'huiles pressées à froid, telle l'huile d'olive, de tournesol ou de graines de sésame.

17. Buvez des tisanes au lieu de boissons gazeuses, de café ou de lait.

Il est plus facile de digérer, d'assimiler et d'éliminer plusieurs petits repas par jour. Mangez les fruits au moins 30 minutes avant les repas. Les fruits se digèrent en 30 minutes, de sorte que si on les consomme après d'autres aliments qui mettent plusieurs heures à être digérés, ils resteront dans l'estomac et fermenteront. C'est aussi de cette façon que nous occasionnons des problèmes à notre côlon.

Régalez-vous de légumes crus ou légèrement cuits à la

vapeur, d'oeufs, de poisson, de volaille, d'agneau, de veau et de lapin. Servez-vous d'algues à la place du sel — de paprika avec du jus de citron et de l'huile pressée à froid. Mangez du mil, du riz brun, du sarrazin, du riz sauvage, des grains entiers, des noix et des graines nature. Prenez vos protéines dans les fèves et dans les légumineuses, mangez des salades en grande quantité.

Evitez tous les produits contenant du sucre (ainsi que tous les édulcorants artificiels), les pains, patisseries et autres produits faits de farine blanche, les boissons gazeuses, le café et les bonbons. Evitez tous les produits laitiers (parce qu'ils produisent du mucus dans les intestins et que les parasites se développent dans ce mucus, ce qui finit par tapisser nos organes, les empêchant ainsi d'assimiler les éléments nutritifs). Il est permis de consommer, en petite quantité, du beurre, du babeurre et du yogourt.

Boire en mangeant constitue une très mauvaise habitude. Les liquides diluent les sucs digestifs et stressent le système digestif. La nature connaît fort bien la teneur requise d'acide chlorhydrique à injecter dans nos estomacs, et le fait de boire en mangeant réduit cette teneur en acide.

Nous savons fort bien que les diètes sont exigeantes et limitatives et nous ne vous demandons pas de changer complètement vos habitudes du jour au lendemain. Mais, rappelez-vous que plus vous éliminez de "mauvais" aliments et plus vous en consommez de "bons", mieux vous allez vous sentir. Nous vivons dans une société qui doit composer avec la "bouffe-minute", les "repas tout prêts", et la "camelote", il est donc évident que l'abstinence totale est difficile. Plus vous consommez de "mauvais" aliments, plus vous devez nettoyer votre côlon. Vous ne mettriez pas de sucre dans le réservoir à essence de votre auto en espérant qu'elle pourra fonctionner, mais vous le faites avec votre corps.

Nous constituons la nation la plus suralimentée et la plus mal nourrie du monde ! Les aliments naturels de qualité renferment la "force vitale". Les aliments que nous consommons et qui ne contiennent pas cette force vitale ne font que nuire au processus de digestion, d'assimilation et d'élimination. Le corps a besoin de se désintoxiquer. Les bons aliments laissent des "résidus". Ces résidus alourdissent le travail de digestion, d'assimilation et d'élimination. Plus vous mangez de mauvais aliments, plus vous devez vous attendre à avoir des problèmes d'élimination. Toute prise d'aliment difficile à digérer, à assimiler ou à éliminer augmente le processus de dégénérescence. "La mort commence dans le côlon" et trouve sa source dans les mauvais aliments et dans une digestion inadéquate.

Exercices

Le corps humain est conçu pour le mouvement, même si la vie moderne canalise les activités de l'Américain moyen et l'oriente vers un style de vie de plus en plus sédentaire. Les exercices réguliers sont précieux, voire nécessaires pour qui veut développer et conserver un niveau maximum de bonne santé, de performance et d'apparence. L'exercice régulier peut améliorer votre état général et plus particulièrement vos poumons, votre coeur, vos vaisseaux sanguins et vos tissus. L'activité physique peut servir d'exutoire à la fatigue mentale et aux tensions reliées au travail. Le fait de suivre un programme d'exercices réduit la plus grande partie des dégénérescences des fonctions corporelles associées au vieillissement prématuré tout en aidant à réduire et à contrôler votre poids.

L'exercice constitue une médecine préventive. Le corps humain est conçu pour l'activité — si on ne s'en sert pas, il se détériore. Le coeur s'affaiblit, les poumons perdent leur élasticité et les muscles perdent leur tonus. Toutes les fonctions corporelles deviennent moins efficaces et le corps s'affaiblit et devient vulnérable à de nombreuses maladies.

Il est étonnant de constater ce qui peut se produire dans le corps humain par la pratique d'exercices réguliers. Non seulement cela vous aide à vous sentir et à paraître mieux, mais cela peut changer votre conception de la vie. Votre attitude face à vous-même et à ce qui vous entoure va changer. Vous allez être mieux en mesure de supporter le stress de la vie quotidienne. Vous serez capable de relaxer et de dormir beaucoup mieux et, fait surprenant, vous serez à même d'accomplir beaucoup plus de choses pendant vos heures de veille. Vous pouvez écouter ce que les gens ont à dire sur le sujet, ou lire tous les livres qui traitent de l'importance d'être en forme, mais cela ne vous fera aucun bien tant que vous n'en aurez pas fait vous-même l'expérience.

Faire de l'exercice est aussi important que de bien se nourrir. Vous devriez faire de l'exercice aussi régulièrement que vous vous alimentez. Il vous faut réserver, chaque jour, une période pour vos exercices. Faites-vous une routine, que ce soit le matin ou le soir. Lorsque vous en aurez pris l'habitude, si vous sautez une période cela vous manquera. Vous allez vous sentir beaucoup mieux en faisant de l'exercice.

Une marche rapide constitue une bonne façon de vous mettre en forme tout en vous permettant de réfléchir. Cela accélère les battements du coeur et est très bon pour la santé mentale. Les exercices sur mini-trampoline augmentent le tonus musculaire et la flexibilité tout en améliorant les conditions cardio-vasculaires. La mini-trampoline n'est pas aussi dure que le jogging pour le squelette et pour les articulations. Quel que soit l'exercice que vous choississiez de faire, soyez constant; prenez-en l'habitude. Votre corps vous en sera reconnaissant.

Questions et réponses

Q. *Combien de fois par jour est-il normal d'éliminer ?*

R. Chaque personne est différente. Vous pouvez éliminer de une à quatre fois par jour, ce qui correspond à chaque repas pris. Les selles doivent être de bonne consistance, pas fluides comme dans les cas de diarrhées. Si vous faites une diarrhée, rappelez-vous qu'il s'agit d'un processus de guérison et de reconstruction et que cela devrait se régulariser en peu de temps. Pour soulager ce problème, vous pouvez accroître la quantité de fibres herbacées diététiques et manger plus de matières fibreuses. Il serait bon aussi de vous faire un lavement au sel et au bicarbonate de soude. Préparez-le avec 2 cuillerées à soupe de sel et 4 cuillerées à soupe de bicarbonate dans 2 pintes d'eau.

Q. *Pendant combien de temps dois-je prendre les fibres herbacées diététiques ?*

R. Cela dépend de votre âge, de vos problèmes de santé, de votre régime alimentaire antérieur et de vos problèmes de santé héréditaires. Les fibres herbacées diététiques sont une formule conçue pour le corps tout entier et qui vise à le nettoyer et à le regénérer. Elle agit sur le système digestif et sur le système nerveux, sur le foie, le côlon et les autres parties du corps.

Rappelez-vous que vous ne prenez pas un médicament. Vous prenez des aliments mis sur terre, pour nous, par notre Créateur, afin de nettoyer et de réparer le corps. Les herbes sont des aliments purs !

Nous vous recommandons de suivre le mode d'emploi sur le contenant. Pour les premiers 30 jours, on recommande de prendre les fibres herbacées diététiques deux fois par jour; puis, une fois par jour pour les 30 jours suivants; puis, tous les deux jours pour 30 jours de plus. Par la suite, on peut les prendre comme programme de maintien lorsque le besoin s'en fait sentir ou après avoir fait des excès alimentaires. Lorsque vous avez donné une réception, il vous faut nettoyer la maison quand les invités sont partis; il en va de même pour le corps.

Il est recommandé de procéder à un bon nettoyage deux fois l'an, mais là encore, cela dépend de votre état de santé et de vos habitudes. Après avoir bien nettoyé votre côlon à l'aide des fibres herbacées diététiques, il serait bon de suivre un bon programme de maintien pour le reste de vos jours.

Q. *Que puis-je boire avec mes repas ?*

R. Parce que cela dilue les sucs digestifs, abstenez-vous de boire en mangeant. Cela crée encore plus de travail pour un système déjà surchargé. Il serait cependant bon d'avoir un verre d'eau à portée de la main pour le cas où vous vous étoufferiez. Il est permis de prendre un petit verre de vin avec votre repas. Dans mon cas, cela aide à la digestion.

Il vaut mieux boire une demi-heure avant ou après le repas.

Q. *Puis-je prendre les fibres herbacées diététiques lorsque je suis enceinte ?*

R. Oui. La plupart des femmes enceintes sont sujettes à la constipation. Les fibres herbacées diététiques ne contiennent aucune herbe qui pourrait être préjudiciable au foetus. Rappelez-vous que les herbes sont des aliments purs. Prenez-en plus ou moins, selon vos besoins.

Q. *Puis-je prendre les fibres herbacées diététiques pendant que j'allaite mon enfant ?*

R. Oui. Cela vous ferait beaucoup de bien à tous les deux. Vous devez vous souvenir que les fibres herbacées diététiques engendrent un processus de régénérescence dont les manifestations ressemblent parfois à une maladie. Ne vous inquiétez pas, mais continuez à prendre les fibres et ces symptômes disparaîtront rapidement. Il est préférable de prendre les fibres herbacées diététiques en petite quantité (une cuillerée à soupe par jour pendant la première semaine), puis augmentez la dose graduellement. Si le bébé souffre de congestion ou de diarrhée, prenez un bain de gingembre pour accélérer le processus. De plus, des frictions de la région lombaire avec des extraits de lobélia aideraient à détendre le corps.

Q. *Puis-je donner des fibres herbacées diététiques à un jeune enfant ?*

R. Oui. Réduisez simplement la quantité en conséquence et mélangez le tout avec son jus préféré.

Q. *Je suis alcoolique. Ce programme peut-il m'aider à éliminer mon besoin d'alcool ?*

R. Oui. Plus vous suivrez ce programme longtemps, moins votre désir d'alcool se fera sentir. Vous pouvez vous adresser à un centre de traitement pour alcooliques, mais tant que votre corps ne sera pas nettoyé, vous aurez tendance à retourner à vos anciennes habitudes.

Q. *Je fume deux paquets de cigarettes par jour. Y a-t-il de l'espoir pour moi ?*

R. Oui. J'ai dernièrement traité un homme qui fumait beaucoup. Après une semaine de programme, il vint me voir à mon bureau pour me dire qu'il avait éliminé des centaines de parasites. Je lui demandai comment il se sentait face à la cigarette et il me répondit qu'il en avait conservé l'habitude, mais qu'il n'en éprouvait plus de plaisir. Il avait réduit sa consommation de beaucoup et, peu après, il cessa complètement de fumer.

Dès que le corps a commencé à se régénérer, le besoin ne se fait plus sentir. Cela s'applique également aux utilisateurs de drogues et aux gros consommateurs de sucre.

Je suis certaine que vous connaissez beaucoup de gens qui sont allés à des centres de désintoxication pour drogués et alcooliques et qui, dès qu'ils ont cessé de fréquenter ces centres, sont retombés dans leurs vieilles habitudes. Le corps a besoin de ce nettoyage et de cette désintoxication. Les drogues ne peuvent pas apporter de réponses.

Composition des
fibres herbacées diététiques

• *Cosse de graines de psyllium "balais"* : sert à nettoyer le côlon, à créer du volume et à débarrasser les parois de l'intestin et du côlon des toxines putrides. Joue aussi le rôle de lubrifiant intestinal.

• *Prêle* : riche en silice, elle sert à renforcer les ongles et les cheveux. Elle tue les oeufs de parasites et sert à les évacuer. Elle aide à dissoudre les tumeurs.

• *Cosse de noix noire* : sert elle aussi à tuer et à évacuer les parasites. Elle constitue un aliment pour les muscles et les nerfs, équilibre le taux de glucides et régularise les sécrétions. Elle aide à brûler les toxines qui peuvent alors être évacuées du corps par les herbes laxatives.

• *Luzerne* : ses profondes racines emmagasinent les minéraux contenus dans le sol. Elle est riche en vitamines et contient les huit acides aminés ainsi que les huit enzymes digestives.

• *Paille d'avoine* : stimule le système neuromusculaire et, de ce fait, est bonne pour les nerfs et les muscles. Elle aide à régénérer les minéraux dans le système. C'est un calmant et un élément nutritif pour le corps tout entier.

• *Graines de citrouille* : contiennent du zinc. Elles sont bonnes pour les problèmes de prostate et tuent également les parasites.

• *Mousse d'Irlande* : riche en iode et bonne pour la thyroïde.

• *Bourdaine* : augmente les sécrétions du foie (bile) , de l'estomac, du pancréas et de l'intestin grêle. Elle stimule le mouvement péristaltique et d'intestin et tonifie l'ensemble du corps ainsi que les intestins. Il s'agit d'une des herbes laxatives les plus puissantes, mais il ne s'agit pas d'un purgatif. Elle permet de régulariser le côlon sans créer de dépendance.

• *Racine de réglisse* : tonique pour l'intestin, elle stimule la formation d'enzymes ainsi que les mouvements péristaltiques. Utilisée pour stimuler et régulariser les glandes surrénales et le pancréas.

• *Vitamine C* : antioxydant et antitoxine universelle, elle aide à protéger les cellules contre les méfaits de l'oxydation et protège l'organisme contre les poisons et les substances dangereuses de toutes sortes. Elle joue un grand rôle dans la formation du collagène et aide l'organisme à assimiler le fer.

• *Yucca* : les Indiens du sud-ouest l'utilisent pour ses propriétés nettoyantes et détergentes. Le yucca contient des stéroïdes et sert aussi à réduire l'inflammation des articulations.

• *Guimauve* : ses propriétés mucilagineuses en font un ingrédient calmant et de guérison. Elle aide à éliminer les calculs des voies urinaires.

- *Feuille de violette odorante* : herbe nettoyante qui aide à déloger les toxines qui encombrent le système et à se débarrasser des parasites.

- *Orme rouge*: à cause de ses propriétés mucilagineuses, il sert à tapisser les voies digestives, aide à guérir les inflammations et sert de calmant pour les ulcères de l'estomac et du côlon.

- *Piment*: est reconnu comme l'une des herbes les plus bénéfiques, non seulement pour le système digestif, mais aussi pour le système circulatoire. Il aide à régulariser le rythme cardiaque et la tension artérielle. Il renforce le pouls tout en nettoyant le système circulatoire. Utilisé avec d'autres herbes, il joue le rôle de catalyseur et accroît l'efficacité des autres herbes.

- *Fleur de la passion* : aide à soulager le système nerveux.

- *Feuilles de molène* : excellentes pour l'asthme, la bronchite et la congestion pulmonaire et des sinus.

- *Noisetier de Viraine* : bon pour les muqueuses et pour le système circulatoire.

- *Fleur d'hibiscus* : aide à guérir et à lubrifier les voies intestinales.

Bibliographie

Bernard Jensen, D. C., Diététicien
Tissue Cleansing Through Bowel Magagement

Ed Bashaw and Michael Diogo
Digestion, Assimilation, Elimination, and You
Woodland Books, Provo, UT

Sandy Price
Fitness and Energy Through Exercice
Nature's Sunshine Products, Spanish Fork, UT

Les dix règles
d'or de la santé

1. Cessez de faire entrer des poisons dans votre corps.

2. Cela prend de 5 à 7 fois plus d'aliments pour construire et réparer le corps que cela en prend pour l'entretenir.

3. Rien ne peut guérir le corps humain en moins de trois mois, comptez donc un mois de plus pour chaque année où vous avez été malade.

4. Usez de modération en tout.

5. Soyez en paix avec la nature.

6. Rapprochez-vous de Dieu.

7. Soyez responsable de vous-même et de votre santé.

8. Mangez le plus possible d'aliments crus.

9. Faites de l'exercice régulièrement jusqu'à la fin de vos jours.

10. Apprenez et mettez en pratique la loi de Hering qui dit que "toute cure commence de l'intérieur vers l'extérieur et de la tête en descendant. Et dans l'ordre inverse de l'apparition des symptômes".

DEUXIEME PARTIE

S'auto-guérir du cancer
Témoignage de Howard N. Wagar

Introduction

L'histoire que je désire raconter à tous ceux qui peuvent souffrir de cette terrible maladie, de même qu'à ceux qui n'en sont pas atteints, c'est le récit de ce qui m'est arrivé en 1966. Il s'agit d'une histoire triste qui finit bien, une histoire vécue. Qui d'ailleurs pourrait mentir au sujet du cancer s'il en a été atteint et qu'il y a survécu ? Le traumatisme, la douleur et l'horrible dépression qui affectent la personne atteinte constituent un véritable enfer. Vous avez l'impression que les portes du monde se sont fermées sur vous et que vous êtes relégué à l'écart de tous, seul à souffrir. Je me souviens que j'avais très bon moral, juste avant les jours sombres qui m'attendaient au détour du chemin. Cela m'a fait réaliser plus tard la rapidité avec laquelle les choses peuvent changer en l'espace d'une seule année.

En mars 1965, mon épouse et moi-même avions effectué notre premier voyage à Hawaï. Nous avions visité les principales îles de l'archipel : Oahu, Kuwai, Maui et, la principale, Hawaï. Quel plaisir ! C'était un monde tout à fait différent pour nous et nous en avons parlé longtemps. Qui aurait pu prédire qu'un an plus tard, je mènerais un combat désespéré contre cette maladie mortelle qu'est le cancer ?

Chapitre 1

Je suis persuadé que de survivre à une maladie comme le cancer peut nous apporter beaucoup de choses, et particulièrement que la vie elle-même est incertaine. Il faut vivre un jour à la fois, une semaine, un mois à la fois, ne jamais regarder trop loin devant soi et croire que la vie ne va nous apporter que de bonnes choses. La vie peut ne pas tourner comme vous l'imaginez. Bien que la vie ait ses bons moments, elle a aussi ses moments tristes et dévastateurs. Je prie encore le ciel en pensant comment j'ai découvert cette vérité en ayant si peu de signes avertisseurs. C'est probablement la période commençant la première semaine de février 1966 qui a été la plus dure pour moi. Il y a 22 ans de cela.

A cette époque, je travaillais pour une grosse compagnie pétrolière canadienne en tant que chef de chantier à Leduc, en Alberta. Récemment, en octobre 1986, j'ai pris ma retraite après 38 ans de service. Je me souviens des premiers symptômes qui m'occasionnaient de fortes douleurs du côté gauche ainsi qu'une enflure du côté de l'aine. Il ne fallut que très peu de temps que j'aie grand peine à marcher. Je commençais à m'inquiéter sérieusement et je demandai à voir un des médecins attaché au Service de santé de la compagnie. Je fus examiné par cinq différents médecins qui déclarèrent à l'unanimité qu'il y avait urgence. Ils étaient très inquiets de cette enflure à l'aine et voulaient m'opérer. Ils soupçonnaient peut-être déjà un cancer mais ils ne me l'avouèrent que plus tard, lorsqu'il fut confirmé qu'il s'agissait bien de cette maladie.

Le jour même, je fus admis à l'hôpital universitaire d'Edmonton, en Alberta, et je fus opéré le lendemain matin. On découvrit alors que j'avais un cancer des glandes lymphatiques et il était probable que le cancer s'était étendu aux reins. Il fut décidé que je devrais être de nouveau opéré trois semaines plus tard. Cette dernière opération avait pour but de déterminer si le cancer s'était étendu plus loin. Le docteur Metcalfe, de l'hôpital universitaire d'Edmonton, réalisa la première opération et suggéra de procéder à une seconde investigation. Je ne peux vous dire à quel point j'étais déprimé après l'annonce de ces nouvelles. Je n'avais que 36 ans, je n'avais eu jusqu'à date aucun problème de santé, mais il semblait que je me détériorais rapidement à présent.

J'entrai de nouveau à l'hôpital trois semaines plus tard pour une chirurgie exploratoire. Ce fut un autre médecin qui s'occupa de moi, le docteur McCarten, qui travaillait aussi à l'hôpital universitaire avec le docteur Metcalfe. Le docteur McCarten m'expliqua les détails de cette nouvelle opération et les autres médecins de l'équipe vinrent expliquer leur rôle respectif. A les entendre, cela ne semblait pas aussi pire que cela s'est avéré par la suite. Beaucoup de médecins arrivent à faire croire à leurs patients que les opérations majeures qu'ils leur font subir sont très simples, et ils minimisent la terrible douleur qui accompagne ces opérations. Je comprends qu'ils ne veuillent pas effrayer leur patient mais je comprends également le point de vue du patient. Pour ma part, j'aime à savoir la vérité, aussi dure qu'elle puisse être, car je peux au moins me préparer un peu à ce qui m'attend. Il y a un médecin qui m'a avoué qu'il ne m'aurait jamais suggéré une telle opération. Il me dit aussi que j'embarquais pour un long et pénible périple et que je passerais par de durs moments avant d'en voir la fin. Il s'est avéré que c'est lui qui m'a donné l'opinion la plus honnête et la plus véridique !

Plusieurs idées m'assaillirent une fois que la date de l'opération fut déterminée. Je consultai ma femme, ma soeur et mon beau-frère, et ils me dirent tous que je devais subir cette intervention afin de savoir si le cancer s'était répandu. Le chirurgien chargé de l'opération m'expliqua qu'il ferait une longue incision du sternum jusqu'au bas du ventre et qu'il prendrait chaque organe qu'il pourrait détacher du corps afin de l'examiner visuellement d'abord, et aussi de permettre au médecin de le palper pour déceler des nodules ou des enflures qui pourraient ne pas être décelés lors de l'examen visuel. C'est seulement quelques heures après l'intervention que je me suis souvenu des paroles d'un des docteurs les plus âgés qui m'avait dit que je m'embarquais pour un pénible périple; il avait tout à fait raison. Le chirurgien me révéla par la suite que ce que j'avais subi correspondait à sept différentes opérations à partir d'une seule très grande incision. Les choses commençaient à s'accumuler, et je compris pourquoi le médecin avait dit : "Je n'aurais jamais accepté qu'on procède à cette intervention sur moi."

Je me souviens qu'après avoir totalement repris conscience, j'eus presque une crise cardiaque. J'imagine que c'était dû au choc que mon système venait de subir suite à la chirurgie. Je ressentais une douleur aiguë dans la poitrine et cela irradiait dans tout mon bras gauche. La pièce se mit à tournoyer. Ma soeur était alors près de moi et on m'administra une piqûre d'adrénaline, suivie d'une autre peu après, puis je sortis de cet état. J'ai eu peur pendant un certain temps, et je ne vous parle pas des craintes de ma soeur.

Plus tard, le même soir, cette terrible douleur recommença. En toute franchise, elle ne disparaissait jamais; elle se poursuivit pendant sept jours et sept nuits ! J'avais déjà eu trois opérations pour des hernies, et j'avais eu des douleurs pendant quelques jours, mais d'habitude j'arrivais à dormir passablement bien avec un antidouleur. Mais c'était bien différent avec cette chirurgie exploratoire ! A intervalles réguliers, on me donnait une injection contre la douleur et cela ne me calmait que pour une heure. Dès que j'étais éveillé, j'avais aussi mal qu'avant. A la fin de ces sept jours, j'étais totalement épuisé. Sincèrement, il ne m'importait plus de vivre ou de mourir ! Il semblait qu'il n'y avait pas de fin à cet enfer. Finalement, après le septième jour, la douleur s'apaisa. Au cours de ces sept jours, ma femme, ma soeur et mon beau-frère me visitèrent, et il y a des moments où je ne me souviens même pas de leur présence à mes côtés, sûrement parce que j'étais obnubilé par la douleur.

Chapitre 2

Lorsque la douleur disparut, mon docteur m'avisa qu'on avait trouvé des cellules cancéreuses près de mon rein gauche. On dit à ma femme, à ma sœur et à mon beau-frère que j'en avais encore pour six mois à vivre, un an au maximum. J'imagine que personne n'avait le cœur de me le dire, mais je l'appris quand même par ma femme, trois mois plus tard, car elle ne pouvait plus me le cacher. J'avais perdu beaucoup de poids. Je mesure 6'2" et mon poids chuta de 250 livres, à un peu moins de 150 livres à ma sortie de l'hôpital; j'étais si faible que même marcher m'était difficile. Quoi qu'il en soit, on avait décidé que je subirais un traitement par radiation au cobalt, ce que je fis pendant près de deux mois. Cependant, mon état empirait de jour en jour. Je savais que s'il n'y avait pas de changement, je ne verrais pas la prochaine année. C'est à ce moment-là que j'ai décidé d'agir personnellement. C'est cela qui m'a sauvé la vie, j'en suis certain. J'étais si désespéré que je cherchais n'importe quel moyen de survivre à cette terrible maladie qui m'emportait !

Un jour, je dénichai un livre dans un magasin d'alimentation naturelle et l'un des articles attira particulièrement mon attention. Il y était question d'une femme résidant en Californie qui s'était elle-même guérie d'un cancer alors que les médecins avaient abandonné tout espoir. Elle s'était soignée en buvant du jus de carottes crues et en prenant certaines herbes, dont de l'extrait de trèfle rouge que l'on trouve dans les magasins d'alimentation naturelle. Après cette lecture j'étais résolu à essayer cette avenue, quoiqu'il puisse en coûter. A une trentaine de milles de chez moi, il y avait un magasin d'alimentation naturelle qui vendait du jus de carottes crues produit quotidiennement sur les lieux, et j'ai commencé par en boire de grandes quantités tous les jours. J'ai commencé par en boire une à deux pintes par jour, en même temps que de l'extrait de trèfle rouge et de fortes doses de vitamines C (au moins 4000 mg par jour) . Je m'assurais également de selles régulières, deux à trois fois par jour. Si mes intestins ne fonctionnaient pas, je prenais des herbes laxatives car cela était de première importance. Après une semaine, je buvais quatre pintes de jus de carottes par jour, plus l'extrait de trèfle rouge et la vitamine C.

Il me faut spécifier quelque chose de très important à quoi je me suis strictement tenu : je n'ai rien bu ou mangé d'autres pendant 36 jours; rien que du jus de carotte, de l'extrait de trèfle rouge et de la vitamine C. Vous vous demandez peut-être pourquoi prendre du jus de carotte avec de l'extrait de trèfle rouge. Tout simplement parce que cette dame de Californie, qui avait vaincu son cancer, l'avait recommandé, comme un excellent purificateur de sang. Je crois sincèrement qu'elle avait raison, et à cette époque, j'avais besoin de toute l'aide que je pouvais trouver. Les fortes doses de vitamine C servaient, évidemment, à combattre les infections alors que mon organisme était affaibli par les opérations et les traitements au cobalt. Après 36 jours de ce régime, croyez-le ou non, je commençais à me sentir plus fort, quoique ma peau ait pris une couleur franchement jaune!

Chapitre 3

En 1986, j'ai décidé de partager mon expérience et j'ai envoyé mon histoire à la revue *Alive* qui l'a publiée dans son numéro # 77 portant sur le cancer. L'année suivante, on me demanda beaucoup d'informations sur l'extrait de trèfle rouge que je prenais avec le jus de carottes pendant mon combat contre le cancer en 1966. A cet époque, il ne se présentait pas sous la même forme qu'aujourd'hui. On le trouvait dans de petits contenants de verre, semblables à de petits pots de fruits et il était épais comme de la mélasse. J'en prenais alors trois cuillerées à table par jour; aujourd'hui, on le trouve en bouteille à pipette, comme la teinture d'iode, et il suffit d'en prendre quelques gouttes par jour, ce qui équivaut aux trois cuillerées à table d'autrefois, étant donné qu'il est plus concentré. On ne le trouve pas toujours facilement dans les magasins d'alimentation naturelle et il se peut que vous soyez obligé de le commander par l'entremise du magasin. Mais cela existe sur le marché. Sans doute peut-on le remplacer par un autre purificateur sanguin. Il appert simplement que c'est celui-là que j'ai pris parce que, à cette époque, il était abondant et facile à se procurer. C'était aussi le produit utilisé par cette dame californienne dont j'avais lu l'histoire avant d'entreprendre la thérapie qu'elle recommandait. Mon expérience m'a appris que les gens dans les magasins d'alimentation naturelle sont très coopératifs pour faire venir les produits dont vous avez besoin, ainsi que pour vous aider à les trouver ailleurs, spécialement si vous combattez une maladie comme le cancer.

Les médecins ne comprenaient rien à mon état. Ils étaient certains que j'avais, soit une jaunisse, soit que le cancer s'était propagé au foie. Un autre phénomène qu'ils ne comprenaient pas était que je n'avais pas de fièvre et que je reprenais des forces jour après jour.

Je ne leur disais pas ce que je faisais, parce que je savais qu'ils me ridiculiseraient. Aussi ai-je gardé ce secret pendant toutes ces années. Cependant, je suis décidé à présent à tout révéler parce que cela pourrait sauver quelqu'un des griffes de cette terrible maladie. Cela m'a sauvé, moi, il y a près de 23 ans. Plusieurs fois, au cours de ces années, j'ai eu envie d'en discuter avec les médecins du Service de santé de la compagnie pour laquelle je travaillais, mais je n'avais pas envie de vivre les confrontations qui automatiquement s'ensuivraient. J'aimais travailler pour cette compagnie et les gens y ont été très bons pour moi lors de ma maladie.

Lorsque j'ai recommencé à manger du solide, je faisais bien attention à ce que je consommais : beaucoup de poisson et de salades de légumes. Je buvais encore un peu de jus de carottes, mais pas autant que par le passé. J'avais encore l'extracteur de jus que j'avais acheté au magasin d'alimentation naturelle et, de temps en temps, j'achetais des carottes pour en extraire le jus.

Il me faut ici mentionner où j'achetais mon jus de carottes ainsi que les grandes quantités que cela nécessitait. Au début de mon régime de 36 jours, j'achetais tout le jus de carottes que je buvais au magasin d'alimentation naturelle, mais peu de temps après, lorsque j'eus acheté mon extracteur, je me mis à faire mon propre jus tout en continuant d'acheter les carottes à travers le magasin d'alimentation naturelle. Il faut entre 5 et 6 livres de carottes pour faire une pinte de jus, vous pouvez donc vous imaginer la quantité de carottes que cela nécessitait lorsque j'en buvais quatre pintes par jour !

Je peux dire honnêtement que le régime que je suivais était assez dispendieux, mais pour moi, il valait bien chaque sou dépensé. Un extracteur de jus coûte actuellement environ 300$ et les carottes sont assez chères maintenant, comparativement à cette époque-là, spécialement lorsque vous en consommez de si grandes quantités. Je n'essaie aucunement de décourager qui que ce soit, mais il faut savoir que de faire soi-même autant de jus demande beaucoup de travail. De nos jours, il y a peu de magasins d'alimentation naturelle qui font leur propre jus, aussi cela incombe-t-il à chacun de le faire.

Quand on commence à boire de grandes quantités de jus de carottes, l'effet nettoyant est si grand sur tout le système que l'on se sent souvent un peu étourdi et malade pour un certain temps, mais cela passe assez rapidement, et vous commencez à vous sentir beaucoup mieux. C'est ainsi que cela s'est passé pour moi en tous cas. Lorsque je repense à quel point j'étais malade lorsque je suivais les traitements au cobalt, tout de suite après l'opération, le petit désagrément que j'ai ressenti au début du régime n'était vraiment rien en comparaison. Lors des traitements au cobalt qui suivirent mon opération, j'avais l'impression que ma tête allait dans une direction et mon estomac dans une autre. Je n'oublierai jamais l'état d'extrême faiblesse qui s'en suivait !

Je me souviens aussi d'autres terribles réactions au cobalt. La compagnie pour laquelle je travaillais me laissa réintégrer mes fonctions après trois mois, mais il fallait que je poursuive les traitements au cobalt, aussi la compagnie me laissa-t-elle quitter mon bureau les jours où j'avais besoin de traitement. Le lendemain, au travail, c'était une vraie souffrance. Je dois dire que j'apprécie tout ce que la compagnie a fait pour moi, tous ont été très bons à mon égard. J'étais généralement accompagné par un autre travailleur sur le chantier parce que je n'avais pas confiance en moi; à cause des traitements au cobalt, j'avais parfois de violentes réactions. Je pouvais ainsi m'évanouir ou me mettre à vomir et devenir si faible que je pouvais à peine marcher.

Les médecins appelaient ça le mal des radiations et ces malaises ne sont rien, paraît-il, en comparaison avec ce que ressentirait un individu exposé à une explosion atomique. Je sympathise vraiment beaucoup avec ce qu'ont souffert, avant de mourir, les pauvres gens qui, au cours de la Seconde Guerre Mondiale, étaient à Hiroshima et à Nagasaki. Ce sont ceux qui se trouvaient à bonne distance qui eurent le plus à souffrir. Ceux qui se trouvaient au point d'impact n'ont pas eu le temps de savoir ce qui leur arrivait.

Chapitre 4

Les réactions dont j'ai souffert suite aux traitements au cobalt sont peut-être légèrement différentes de celles que provoquent les traitements de chimiothérapie que l'on admisnistre à plusieurs aujourd'hui, mais je crois que tous les deux entraînent de pénibles réactions. En 1966, c'était le cobalt qui était le traitement le plus répandu pour le type de cancer dont je souffrais. Plusieurs s'évanouissaient à la sortie de la salle de radiation après leur traitement. Habituellement, ce n'est qu'une heure et demie plus tard que j'en ressentais les effets, et j'étais déjà à la maison la plupart du temps. C'est le lendemain que j'éprouvais les pires réactions. Il me faut ici parler du traitement que les médecins me faisaient subir avant que je ne me décide de tenter de m'auto-guérir. Les traitements au cobalt sont si déprimants, sans parler de toute l'atmosphère qui les entoure. Tous ceux qui devaient recevoir un traitement étaient placés dans une même pièce, certains cas pires que d'autres. Je me rappelle certaines occasions où j'étais assis à côté de quelqu'un souffrant d'un cancer du poumon et qui cherchait son air, d'autres fois, je côtoyais quelqu'un ayant un cancer de peau qui lui rongeait littéralement un côté du visage; on pouvait sentir l'odeur de décrépitude dès le seuil franchi. Puis, il y avait les petits enfants qui pleuraient souvent, affectés par une tumeur à la tête aussi grosse que cette dernière, les plus jeunes ne sachant même pas ce qui les faisait souffrir; c'était très triste. C'était un spectacle pénible à voir.

Plusieurs de ces choses ont changé suite à la construction, un an plus tard à Edmonton, d'un nouvel hôpital et d'une clinique d'oncologie. Les gens étaient mieux répartis, les enfants et les cas graves étaient mieux isolés et cela eut un effet bénéfique sur ceux qui étaient moins gravement atteints. Je suis convaincu qu'il survient de grands changements dans la vie d'une personne atteinte de cancer qui subit des opérations et traitements analogues à ceux que j'ai eus. C'est un peu comme si on avait traversé une guerre et qu'on s'en était sorti vivant mais traumatisé. Pendant plusieurs années vous vivez avec cette peur que le cancer peut revenir vous faire souffrir et même vous emporter. Vous y pensez souvent. Cependant, la médecine prétend qu'après cinq ans sans recidive le patient est déclaré guéri de son cancer.

Je me souviens que deux de mes soeurs m'ont écrit après cette période de cinq ans pour me dire à quel point elles étaient heureuses pour moi. Mais personne ne pouvait être plus heureux que moi-même parce que j'avais survécu à une terrible expérience que je ne voudrais revivre pour rien au monde ! Je crois que s'il y a un aspect positif à retenir de cette expérience, c'est que j'ai appris à apprécier la vie beaucoup mieux qu'avant. A partir de maintenant, je veux jouir de la vie pleinement, c'est comme un nouveau départ et j'étais prêt pour cela. Présentement, je suis guéri et, à partir de maintenant, j'espère être délivré de cette maladie pour toujours !

Au cours des années, il y a eu bien des choses qui m'ont préoccupé sérieusement de temps en temps. J'ai connu des gens qui sont morts de cette maladie, des gens dont l'esprit était conditionné et qui se disaient que si les médecins ne pouvaient pas les aider, rien ni personne ne le pourrait. Certains avaient essayé divers traitements avec plus ou moins de succès. Ceux qui se sont finalement détournés de la médecine traditionnelle après que cette dernière ait tout tenté pour eux, ces gens dis-je se sont retrouvés comme moi, désespérés mais désirant continuer à vivre. Malheureusement, dans plusieurs cas, la maladie était déjà trop avancée pour qu'il soit possible de faire marche arrière.

Chapitre 5

Je reçois à présent de nombreuses lettres et des appels téléphoniques de partout au Canada et de certains coins des Etats-Unis, de la part de gens qui ont lu mon histoire (publiée dans le # 77 de la revue *Alive*, en mai 1987) et depuis mai 1988, je reçois du courrier d'outre-mer. Je suis très heureux de la réaction des gens face au récit que j'ai écrit pour *Alive*, je suis fort étonné qu'un si petit livre ait autant de succès.

Ce qui me frappe le plus depuis que j'ai écrit cette histoire pour *Alive*, c'est la curiosité et l'attention dont je fais l'objet, jusqu'à ce que les gens m'aient parlé personnellement. Plusieurs d'entre eux ont peine à croire que je sois toujours vivant. Il faut que je leur raconte presque mot pour mot le récit que j'ai écrit pour qu'ils croient que c'est bien moi qui leur parle et que je suis toujours vivant et bien portant. Tous ne sont pas sceptiques, quoiqu'il y ait des irréductibles, mais cela ne me dérange aucunement. En réalité, cela me fascine et me fait plaisir parce que je sais que cela les intéresse. Lorsqu'ils sont convaincus, tous sont heureux pour moi. Je connais et comprends les sentiments des gens face au cancer, Dieu sait que j'en ai assez l'expérience. Je comprends aussi pourquoi certaines personnes croient difficilement que je sois encore vivant à ce jour.

Aujourd'hui, 22 ans plus tard, tout comme en 1966, on se demande comment il se fait que des gens atteints du cancer de l'estomac, du foie, des reins, du côlon, des glandes lymphatiques ou des poumons survivent. Puis, on se pose la même question par rapport à ceux qui sont morts de ces mêmes types de cancer. La réponse explique pourquoi certains ont peine à croire que je sois toujours vivant, quoique j'aie personnellement agi pour me guérir.

Le cancer a toujours été une maladie terrifiante et meurtrière, et il le sera encore pour plusieurs. Je ne peux, ni ne veux, en aucune manière dénigrer la profession médicale parce qu'elle ne réussit pas à guérir tous les cancers. Nul doute que les médecins font leur possible pour trouver un remède à tous les cancers — ils n'ont tout simplement pas encore trouvé la bonne solution.

Il ne faut pas oublier que depuis une centaine d'années la science médicale a beaucoup progressé dans sa lutte contre plusieurs maladies mortelles à travers le monde, des maladies comme la petite vérole, la polio et la fièvre scarlatine. Aujourd'hui, nous avons des vaccins pour nous protéger. De grands progrès ont aussi été accomplis en matière de chirurgie. Des merveilles ont été réalisées en ce qui concerne le coeur humain. Je connais personnellement des gens qui, ayant subi une chirurgie cardiaque, se portent très bien et mènent une vie productive alors qu'ils étaient auparavant pratiquement handicapés. Je ne blâme pas la médecine pour ne pas avoir trouvé de remède au cancer, mais je demande au Seigneur de nous donner la connaissance et le pouvoir de trouver un traitement pour cette terrible maladie décimant l'humanité. Qu'Il nous aide à faire de ce monde un meilleur endroit où vivre, sans cancer, et sans la peur et le chagrin qui y sont attachés.

Chapitre 6

Certains se sont demandé comment il se fait que j'aie eu un cancer alors que je n'ai jamais fumé et que je bois rarement, un verre à l'occasion. On m'a dit qu'étant donné que mon grand-père et ma sœur sont morts du cancer, il y a plusieurs années, il serait possible qu'il y ait une part d'hérédité. A mon avis, le cancer est étroitement lié à ce que l'on mange et à l'air qu'on respire. Il ne se manifeste pas sans raison. J'étais un gros consommateur de sucreries et d'aliments gras. Je mangeais très peu de fruits et de légumes frais. Tout ce que je mangeais était en conserve ou apprêté. Je ne mange plus de cette façon à présent. Je ne mange plus de fritures ou de légumes en conserve, ni de tartes ou de pâtisseries, sauf en de rares occasions. Je ne mange plus que rarement du porc ou du bœuf, je consomme surtout du poisson, du poulet ou du fromage cottage, et je mange toujours une salade verte pour mon repas du soir. Je mange beaucoup de fruits frais, à l'année longue : pommes, oranges, pamplemousses, cantaloups, pêches et poires, selon la saison. Je prends des suppléments vitaminés que j'achète au magasin d'alimentation naturelle. J'aime bien ces magasins et je les respecte beaucoup car c'est là que j'ai eu de l'information et que j'ai acheté les produits, surtout le jus de carottes, qui m'ont sauvé la vie.

Nul doute que si ces magasins d'aliments naturels n'existaient pas, je ne serais pas vivant aujourd'hui. Je pense que les livres et les revues portant sur la santé qu'on y trouve, sont faciles à lire et à comprendre. Ils énumèrent et expliquent beaucoup de choses à propos des herbes et des vitamines naturelles et de leurs effets curateurs. Certains diront que les magasins d'alimentation naturelle demandent trop cher pour leurs produits, ce à quoi je réponds : "A combien estimez-vous votre santé ?" Pendant que je combattais le cancer, j'ai facilement dépensé quelques milliers de dollars, et je dirai honnêtement que je n'en regrette pas un seul ! Après plusieurs années, je suis encore vivant et guéri du cancer. Quand on pense au prix que l'on paie une automobile, une maison ou un long voyage, il devient facile de réaliser que cela ne m'a pas coûté si cher pour retrouver la santé et vaincre une maladie mortelle, comparativement au prix d'une voiture ou d'une maison. Il est agréable de posséder ces biens matériels mais, sans la santé, ils ne valent pas grand chose puisque nous pouvons ne pas vivre assez longtemps pour en jouir, à moins de recouvrer la santé. Il y a un vieux dicton qui dit : "La santé, c'est la richesse" et j'ajouterais : "Rien n'est plus vrai !" Tout comme je vous ai dit que les livres et revues que l'on trouve dans les magasins d'alimentation naturelle sont une bonne source d'informations sur les herbes et les méthodes naturelles, j'ajouterai que la revue *Alive* est l'une des meilleures et, suite aux tractations que j'ai eues avec les responsables de cette revue, je dirai qu'ils sont de première classe en tout.

Chapitre 7

Maintenant que les choses semblaient s'améliorer pour moi sur le plan de la santé, il me fallait tout de même aller à la clinique d'oncologie pour vérification, chaque mois d'abord, puis tous les trois mois. En peu de temps on en vint à une visite aux six mois, puis à une visite par année. Les médecins étaient toujours stupéfaits de voir ce qui se produisait en moi et de constater mon amélioration. On espaça les visites médicales aux deux ans et on maintint ce rythme pendant assez longtemps. L'an dernier on me dit que je n'avais pas à revenir avant quatre ans. Les larmes me vinrent aux yeux lorsque je repensai à cette époque, en 1966, et au rude combat que j'avais mené et dont j'étais sorti vainqueur ! Je réalise que je reviens de loin et qu'en plus de tout ce que j'ai fait moi-même, j'ai un grand désir de vivre chevillé au corps, désir que je n'ai jamais perdu ! J'ai souvent entendu dire : "Dieu aide ceux qui s'aident !" ; Dieu m'a aidé et j'avais le désir de m'aider et de faire tout en mon pouvoir pour cela, c'est sans doute une des bonnes raisons pour lesquelles je suis encore vivant et bien portant aujourd'hui.

Il est évident que toute personne ayant survécu au cancer restera marquée, ses cicatrices seront autant physiques que mentales. C'est quelque chose de très lourd à porter, pour tout le système et, parlons franchement, vous êtes passé par une terrible expérience et vous avez survécu. Je crois que c'est une des raisons qui ajoute du bonheur au reste de votre vie — avoir gagné la bataille contre "l'Ange noir", et avoir gagné chaque étape de cette bataille ! Je n'oublierai jamais tout le poids que j'ai perdu en si peu de temps. Ce n'est pas tant la perte de poids qui m'inquiétait, quoique j'aie perdu plus de 60 livres, mais l'extrême faiblesse et la dépression qui l'accompagnaient. Je me souviens qu'après avoir terminé le régime jus de carottes-extrait de trèfle rouge, et avoir recommencé à manger du solide, je me suis mis à faire des poids pour me refaire des muscles et reprendre des forces. J'avais pris des forces, même pendant le régime liquide, mais je ne regagnais pas assez de poids. Je voulais revenir à mon poids normal, autour de 200 livres, parce que je me trouvais affreusement maigre comme j'étais là. Mes vêtements flottaient autour de moi, rien ne me faisait plus. Je continuais de faire des poids tout en surveillant bien ce que je mangeais. Environ un an après être descendu à 150 livres, j'étais revenu à mes 200 livres et je me sentais très bien. Je me souviens que certaines personnes m'ont dit qu'elles ne croyaient pas que je m'en sortirais. Je savais, à cause de ce que je ressentais, que quelque chose de très bien se produisait en moi et que j'étais vraiment en train de gagner ce terrible combat pour ma vie ! Comme on dit communément, je voyais enfin la lumière au bout du tunnel.

Il me semble que rien ne pouvait s'avérer plus vrai ! Plusieurs médecins m'ont dit au cours des années qu'ils avaient été stupéfaits que je guérisse de ce type de cancer. Aujourd'hui, je regarde tout cela et je me dis que si seulement la méthode que j'ai utilisée pour me guérir de cette horrible maladie pouvait en guérir d'autres, cela vaudrait amplement la peine d'en répandre la nouvelle. Quand on songe aux milliers de personnes qui meurent chaque année de cette maladie, toute solution vaut la peine d'être essayée. Maintenant que j'ai raconté mon histoire, je veux dire à tous et à chacun que cela n'est que mon histoire à moi, ce qui m'est arrivé et comment j'ai survécu. Je ne peux garantir que cela va aider tout le monde comme cela m'a aidé — c'est vous qui êtes seul juge. Tout ce que je puis affirmer, le plus honnêtement et le plus positivement possible, c'est que cela a marché pour moi, et que cela a très bien marché ! Quelle que soit la maladie dont souffre une personne, il y a toujours une possibilité de faire marche arrière, tout comme il y a aussi un point de non-retour : lorsque la maladie s'est propagée à presque tous les organes vitaux du corps, comme c'est le cas avec le cancer. Si vous devez survivre, il vous faut prendre le contrôle au plus vite parce que le temps est un élément vital, surtout avec cette maladie.

Un des problèmes avec le cancer, c'est l'incrédulité. Très souvent, une victime pense que ce n'est que pour les autres ce genre de maladie, pas pour elle. Lorsque la maladie la frappe, cette personne ne le croit pas. Je me souviens que, plusieurs années avant d'être atteint de cette terrible maladie en 1966, je voyais des gens mourir de cancer. Cela m'effrayait mais je n'aurais jamais imaginé que quelques années plus tard, je me battrais pour sauver ma vie face à cet ennemi redoutable ! C'est très dur à accepter. Je n'oublierai jamais l'appel que j'ai fait à ma soeur le jour qui suivit la confirmation de ma maladie. Cela m'était très difficile mais je savais que je devais faire face à la réalité. Cela ne faisait que cinq ans qu'une autre de nos soeurs aînées était décédée du cancer. Je me souviens avoir tenté de téléphoner à ma femme mais elle était au travail et je n'ai pu la joindre.

Je ne peux imaginer jour plus noir que cette journée de février 1966. Je crois que c'était dû à toute cette incertitude;

la funeste fatalité de cette réalité, d'être assis dans la salle d'attente du médecin à côté de quelqu'un qui avait l'air d'être sur le point de rendre son dernier soupir. Cela me faisait mal de voir ma femme, ma soeur et mon beau-frère pleurer. Vous pouvez me croire, je pleurais aussi, parce que je pense qu'à ce moment-là j'étais plus en état de choc que de souffrance !

Ce n'est que lorsqu'on a perdu la santé qu'on apprend à l'apprécier, quand et si on la retrouve. Je me souviens, lorsque j'étais à l'hôpital, que les patients atteints de cancer descendaient à ce que l'on appelait le solarium. La nuit, par la fenêtre, on regardait la lune et les étoiles ainsi que les lumières de la ville, en nous demandant toujours combien de temps certains d'entre nous pourraient encore contempler ce spectacle que la plupart d'entre nous prennent pour acquis. Même si la pièce était très sombre, j'ai souvent vu des visages ruisselants de larmes. Il ne fallait pas être très intelligent pour savoir à quoi ces gens pensaient, même si la majorité faisait bonne figure la plupart du temps. Je me souviens aussi d'avoir pleuré le jour où on m'a dit que je pouvais retourner au travail, trois mois après qu'on eut découvert la maladie. Ce n'est pas fréquent de pleurer de joie parce que l'on peut retourner au travail, mais je dois admettre que j'ai pleuré.

Chapitre 8

La médecine poursuit ses recherches pour vaincre le cancer depuis fort longtemps, et je souhaite de tout coeur qu'elle réussisse. J'ai appris dernièrement dans un rapport médical qu'à présent, les médecins arrivent à prolonger la vie des patients atteints de cancer de beaucoup plus longtemps, comparativement à il y a vingt ans, et ce, grâce à divers médicaments et thérapies. Le rapport disait aussi qu'ils ne guérissaient pas un plus grand nombre de patients, ce qui signifie donc que la guérison par la médecine n'a pas beaucoup progressé. Ce n'est pas satisfaisant, prolonger la souffrance n'est pas un traitement.

Au début de ce livre, j'ai expliqué pourquoi j'avais attendu 22 ans avant de parler de ce que j'avais fait pour sauver ma vie, et pourquoi j'ai gardé et cette histoire et mon livre pour moi pendant toutes ces années. Je n'avais pas du tout envie de me couvrir de ridicule ou d'attirer la critique, ni de causer quelque problème que ce soit au département de santé de la compagnie pour laquelle je travaillais, à cause de leurs efforts pour me sauver. J'ai bien aimé travailler pour cette importante compagnie. Lorsque je suis tombé malade, cela faisait 16 ans que je travaillais pour cette compagnie; je désirais continuer et c'est ce que j'ai fait pendant encore 22 ans et 7 mois ! Je savais bien qu'un jour je rendrais tout public. Voilà que c'est fait. La raison qui m'a poussé à écrire tout ceci c'est l'espoir que cette histoire pourra aider quelqu'un à vivre, à lui donner un peu d'espoir. C'est, au moins, quelque chose à essayer soi-même, et je suis la preuve vivante que ce traitement peut réussir. C'est une raison suffisante.

Je ne connais que trop bien la souffrance et l'agonie qui se vivent, même par ceux qui survivent au cancer. Je peux facilement imaginer à quel point cela peut être pire quand on en meurt. Même si cela était ma seule contribution positive à la race humaine que de lui laisser savoir ce que j'ai fait pour sauver ma vie il y a longtemps, alors, tous les efforts que j'ai mis à écrire mon histoire pour la revue *Alive* ainsi que pour écrire ce livre seront largement récompensés, même si ce n'est qu'un petit nombre qui essaie ma thérapie et qui survit. Je sais que si l'un de vous m'avait vu en 1966, si vous aviez vu à quel point je m'étais détérioré en seulement quelques mois, et comment j'ai récupéré en un an, vous sauriez sûrement pourquoi je pense ainsi et comment je peux me sentir aujourd'hui.

Il se peut que certains d'entre vous soient intéressés à en connaître davantage au sujet de ma vie, avant que le cancer ne me frappe en 1966. Aîné d'une assez grosse famille de huit enfants, j'ai grandi en Ontario où j'ai fait mes études. J'ai quitté la maison assez jeune et j'ai eu plusieurs emplois en Ontario; puis, je suis venu en Alberta à l'âge de 18 ans. J'ai été engagé par une importante compagnie pétrolière en avril 1948 à Edmonton, et j'ai pris ma retraite en 1986, après 38 ans de service. En 1952, j'ai bénéficié d'un congé pour m'engager dans l'armée de l'air canadienne où je suis resté pendant trois ans. En 1955, je suis retourné à mon travail précédent au sein de la compagnie pétrolière en tant que chef

104

de chantier. Je me suis également marié cette année-là et, en 1988, ma femme et moi avons célébré notre 33eme anniversaire de mariage.

Je ne voudrais pas terminer cette histoire sans remercier sincèrement les deux organisations avec lesquelles j'ai été directement impliqué : la profession médicale et l'industrie de l'alimentation naturelle. La médecine ne m'a peut-être pas sauvé la vie, mais elle a permis de découvrir la maladie et a tenté de m'aider grâce à la chirurgie et aux traitements au cobalt, même si cela a été vain. Comme je l'ai mentionné au début de ce récit, les médecins ne me donnaient que six mois à vivre, un an tout au plus, comme ils l'avaient dit à mon épouse. Vingt-deux ans plus tard, mes plus grands remerciements vont à l'industrie de l'alimentation naturelle parce qu'elle m'a montré une voie que j'ai suivie pas à pas et sans laquelle je ne serais pas ici aujourd'hui pour témoigner. Il est difficile de verbaliser l'intense désespoir qui envahit celui qui lutte pour sa vie; vous vous accrochez à tout ce qui peut vous aider en priant Dieu que cela marche.

Au revoir à tous ceux qui ont lu ce récit. J'espère que cela vous aura procuré de bonnes informations et vous aura été utile d'une manière ou d'une autre. A ceux d'entre vous qui pourraient être affectés par cette terrible maladie un jour, que Dieu soit avec vous, j'espère que vous survivrez comme j'ai pu le faire. Bonne chance.

Howard N. Wagar
C.P. 150, Devon, Alberta
T0C 1E0
Téléphone : 1-403-987-3837

En guise de conclusion...

«**E**t maintenant, que vais-je faire ?» chante Bécaud. Vous pouvez mettre ce livre dans la bibliothèque et... l'oublier. Au moins, laissez-le traîner sur la table, peut-être que quelqu'un d'autre le lira et s'éveillera à la santé. Ou vous pouvez vous dire: «Par où je commence ?».

Un excellent premier pas serait de vous procurer le livre *Le régime fit for life*, de Harvey et Marilyn Diamond. C'est un livre à lire, à étudier et... un régime à pratiquer. Si vous voulez pousser plus loin votre investigation, écrivez-moi; je vous ferai parvenir une liste d'ouvrages à lire sur l'alimentation.

Le pas suivant, c'est l'exercice. Et, s'il vous plaît, ne me dites pas que vous faites de l'exercice parce que vous marchez un mille par jour en 2 heures, ou que vous montez et descendez un escalier 10 fois par jour. Je vous recommande fortement de lire la deuxième édition de *Rajeunir par la technique Nadeau*, de Colette Maher. Dans la province de Québec, vous trouverez facilement un professeur de technique Nadeau près de chez vous.

Grâce à madame Teresa Schumacher, j'ai découvert l'orge verte, ainsi que les fibres diététiques dont elle a trouvé la formule. Ce sont deux aliments énergétiques. Si vous désirez de l'information au sujet de ces deux produits, veuillez m'écrire ou me téléphoner.

Mes amis me taquinent souvent en me demandant:

— Jean, si on pratique ce que tu dis, est-ce que ça va nous empêcher de mourir ?

— Non, mais vous allez mourir... EN SANTE !

Et si vous ne croyez pas que c'est important de mourir en santé, allez visiter l'étage des "chroniques" de votre hôpital local.

C'est sur cette réflexion que je vous laisse en vous souhaitant, comme monsieur Henri Nadeau, inventeur de *La technique Nadeau*, «Bonne santé à tous».

Jean Julien
3131, Racicot, app. 411
Longueuil QC J4L 3J3
Tél./Fax: (514) 442-9473

TABLE DES MATIERES

DEUXIEME PARTIE
S'auto-guérir du cancer

Achevé   Imprimerie
d'imprimer Gagné Ltée
au Canada Louiseville